我在北京送快遞

那些失意，都很偉大

胡安焉——著

目錄

第1章

我在物流公司上夜班的一年

其實我在D物流公司就幹了十個月多一些，還不到一年。我是二〇一七年五月十二日入職的，那天是汶川地震九周年。我在D公司的順德某樞紐做理貨員，那裡是當時全國最大的一個貨運中轉中心。不過我是在離開後，才從網上了解到這一點的；當我還在那裡上班時，雖然也為它的規模所震撼，但老實說，我沒有心思去關心它能排第幾大。

我們的貨運中轉中心在一個物流園裡，那裡除了D公司以外，還有京東、唯品會和百世快遞等公司的貨運中轉中心。我上的是長夜班，每天晚上七點幹到第二天早上七點，每個月休四天。那裡幾乎所有人都上長夜班，白天分揀場不運轉。我幹的這個活兒雖然不看學歷，但也不招文盲，因為不能認字的話，就沒法辨認貨物標籤上的地址。所以有些不認識字的老鄉，就連這個工作也幹不了了。

所謂的面試只是走走形式，實際情況是來者不拒，但入職前要無薪試工三天。這應該違反了《勞動法》，但我打聽了一下，物流園裡的企業都這樣操作，假如你不能接受，就只能不幹這個活兒了。

從實踐來看，試工也確實有必要。初次幹這活兒的人，很多其實並不知道具體要幹什麼、怎麼幹。試工是一個互相瞭解的機會。就我所見，試工後留下來的人還不到一半。有的人甚至試兩個小時就走了。不過，公司應該給留下來的人補上那三天工資才對。

當然公司也有人性化的一面：很多從外地來打工的人，身上盤纏並不多，所以入職幹滿二十天後，公司會提前發放頭半個月的工資，而正常應該是次月十五日才發的。

貨運中轉中心就像一個大埠頭，我們在一米高的水泥工作檯上幹活兒，這檯子我們叫它分揀場。分揀場有八到十個足球場那麼大，上面蓋著巨型的鐵皮頂棚，四周是編了號的一個個裝卸貨口，一排排貨車屁股朝工作檯停靠著，打開車廂門裝卸貨物。晚上登上分揀場，立即就能聽見一陣延綿不絕的隆隆響聲，低沉而渾厚，好像從遠處傳來的雷鳴，那是上百輛叉車碾軋地面時發出的聲音。這些叉車就像工蟻，把從貨車上卸下的快件送到各個組分揀，然後再把分揀好的貨物送到對應的裝車口。

我被分配到了小件分揀組，工作內容是把到站的快件按照目的地分揀、打包。

我喜歡這份工作，雖然不是喜歡所有方面：它不用跟人說話，不用開動腦筋，擼起袖子幹就行了。因為那是在廣東，一年裡有九個月是夏天，白天太陽把頂上的鐵棚曬得發燙，晚上也涼快不了多少。一般上班後個把小時，我就已經汗流浹背，直到第二天早上。後來我買了一個三升的水壺，每晚喝掉滿滿一壺，試過整晚上沒有小便，水都從汗腺排掉了。

試工的三天，我被安排去倒包，這是我們組裡最累人的崗位。營業網站送來的快件是用纖維袋紮成包裹的，我們組要把這些包裹拆開，把快件按照目的地分揀，再重新封包起來。而倒包就是把營業網站送來的包裹破開，把裡面的快件倒到分揀檯上。那些包裹有輕有重，輕的幾斤，重的五六十斤。如果只是倒兩三個小時，大概多數人都可以應付，可是不停地倒一個晚上，對體力的消耗就很大，有些人就扛不住了；這個崗位也是組裡唯一不讓女工上的崗位。

所有到我們組來試工的男工，都會被安排去倒包，女工則去打包。只有在工作強度最大的崗位上，雙方才能看清楚彼此是否適合，從而減少因為誤解而產生的沒合作多久就「分手」的情況。實際上試工的幾天是最累人的，因為身體這時還沒適應陌生的工作方式和強度，動作的生疏也會造成額外的體力浪費，這也是很多人試了兩小時就走人的原因。但只要你扛下來，幹久了，慢慢都會適應，感覺就沒那麼累了。

我記得有次來了個大姐試工，幹活兒沒有問題，但到了半夜突然走掉了。後來我聽說，她因為不識字，被組長勸退了。我覺得她不是完全的文盲，否則不可能幹了幾小時都沒出錯。可能是她認識的字有限，頻繁地問人，導致帶她的同事越來越害怕，最後通知了組長。因為一旦她貼錯了標籤，整包快件被發往錯誤的城市，我們整個組都要扣錢。

初次幹這活兒的人，都會掉一些體重。我有一個同事，入職只比我晚幾天，他在三個月內從一百八十幾斤，掉到了一百三十幾斤。我原本就不算胖，但幹了幾個月後，也掉了十幾斤。

我們每天工作十二個小時，一般情況下，早上下班前的兩個小時會相對慢下來，可以幹一會兒歇一會兒，而從晚上十點到早上五點這段時間最忙，基本上一刻都不能停。具體是這樣的：我們晚上七點上班，先幹到九點，然後有半個小時吃飯時間。貨場裡有兩個食堂，被不同的承包商承包，提供不同風格的食物。菜品是自己舀的，像自助餐一樣，稱重付費，米飯則無限供應。如果想省錢，可以少打點兒菜，多吃幾碗飯。平心而論，飯堂的價格還算公道，而且比較衛生。吃完飯後，我們就從九點半一口氣幹到早上七點，連續九個半小時不再有進食時間。有些人會自帶麵包或餅乾，半夜抽空往嘴裡塞點兒。有些人就連著十個小時不吃東西，他們已經習慣了。我一般都帶餅乾，偶爾忘了帶，肚子就餓得咕咕叫。

記得我試工的第一天，沒人告訴我這些時間安排，我是吃了晚飯才去的。這導致九點大家去吃飯時，我根本就不餓，所以什麼都沒吃，我以為半夜還有機會去吃東西。萬萬沒有想到，接下來從九點半開始，一直幹到早上七點，其間我只喝過水，再沒進食的機會。我又沒帶乾糧，到了第二天早上，我已經餓得暈頭轉向了。

我發現在這地方幹活兒的人，大多不喜歡交談，完全不熱情主動，就像沉默的老農民——雖然他們並沒那麼老——對陌生人報以冷淡和警惕的態度。恰好我也不喜歡攀交情，大家閉上嘴巴幹活兒很好，在這種人際環境裡我感覺很舒適。可是當我有事情向他們請教時，他們會先靦腆地笑笑，然後訕訕地回答——其實他們並不高傲，只是大多孤僻而已。

每天早上下班前，我們都要開個例會，由組長和經理發言，總結當天工作中發生的問題，一般兩三分鐘就講完。晚上上班前也要開個短會，說一下注意事項或最近的工作要點，但都是些無聊的內容，幾句話就講完，我一般都不聽，畢竟革命不是耍嘴皮子。

我記得試完三天工後，有個副組長，是個小個子，來找我聊天。當時我們組有一個大組長、三個副組長，上面還有個負責行政的經理。那個副組長告訴我，雖然試工沒有工資，但他會在排班的時候，補償給我三天休息時間。當時我們上下班不用打卡，後來就要了。我聽了當然很高興。可是過了不到一個月，這個副組長和其他組長發生爭執，直接就不幹了。我的那三天帶薪假期再沒人和我提過。

D公司的主營業務是貨運物流，但從二〇一三年起，也推出了快遞業務，只是發展得不太好，起碼我二〇一七年入職時，它的市場占有率還是低到可以忽略不計。我們小件分揀組處理的就是快遞件，不過這不代表我們的工作很輕鬆。公司的人員配備和工作量是掛鉤的，資本家不養閒人。

最初的幾個月，我就在倒包和打包兩個崗位上輪換。我們組裡主要的崗位有四種，其中倒包和補數協同工作，投櫃和打包協同工作。倒包員把送來的快件倒到分揀檯上後，補碼員用紅外線槍掃描快遞單上的條碼，再用大頭筆在快件上寫下目的地代碼。補過碼的快件經流水線進入打包區後，投櫃員通過分揀櫃把發往不同目的地的快件分開，然後打包員把分好的快件重新封包起來，交給叉車送到裝貨口。就工作強度而言，補數是最輕鬆的，一般由女工負責；倒包則最累，其次是打包。

下班後我們要去吃早餐，這對我們來說其實是晚餐（大多數人每天只吃兩頓），吃完飯就回住處洗澡、洗衣服了。衣服是很難洗乾淨的，因為晚上要搬抬貨物，難免沾到各種污漬和油漬，而且人累的時候會這樣想：洗太乾淨沒有必要，第二天還是會弄髒的，再說高效的去汙品也不便宜，打打肥皂也就行了。於是當衣服晾乾後，甚至還能聞到濃濃的汗味。不過幹了這種工作，自然而然地，人就會變得不介意這種問題。

睡覺才是最磨人的部分——對於日夜顛倒的生活，每個人的適應力各不相同。頭幾個月，我一直處在這種狀態：每次到了凌晨四五點，我都困得不行，只要讓我躺下，五秒內就可以睡著；即使不躺下，我也已經搖搖欲墜，經常眼前一黑就要失去知覺，可是隨即又驚醒過來，重新撐起身體，那副模樣就像一具行屍走肉——目光是迷離的，意識是模糊的，自己都不知道自己前一秒做了什麼。因為這個緣故，有次我把兩包快件的標籤貼反了，發去重慶的貼上了北京的標籤，發去北京的貼上了重慶的標籤，幸好在裝車前就發現，被追了回來。毫不誇張地說，每個晚上，當我被睡意折磨得走投無路時，我都會在心裡賭咒：下班後一定要不顧一切地即狠狠睡上一覺。可是等到早上下班後，睡意已經過去了，人又精神了起來。而且，因為剛剛長時間地從事完身體並不喜歡的勞動，心裡會生出一種奇怪的厭煩，渴望著做些身體喜歡的事情，以壓制那種厭煩感，使身體得到補償，恢復活力。我看到有些同事經常下班後去唱K，唱到下午快天黑時，匆匆地睡一兩個小時又來上班。我可不是那種瘋狂的人，我不想把命丟在工作裡。所以我採用一些溫和的方式，比如說早餐吃好一點兒，或者去附近的村子逛逛超市，雖然那個超市很小，商品種類不多，但我發現逛超市對我有減壓效果，即使逛完後我只買一兩種東西。

但問題是我仍然不想睡，也睡不著。到了下午，我又開始為睡眠焦慮了。最初我住的房間很熱，夏天室內有三十幾度，牆壁被太陽曬得滾燙，吹風扇也不頂用。為了省錢，我租了個沒空調的房間，其實帶空調的房間只貴五十塊。大約到了八月份，我真的熬不住了，感覺自己只剩半條命，於是聯繫了房東換房間。可是夏天哪有空餘的空調房，房東一味忽悠我，老是說快有了，實際連影子都沒有。就這樣被她耗了兩個多月，連中秋節都過了，她突然聯繫我，說有空調房了。這時候天氣其實已經涼爽了一點兒，但還是很熱；在廣東，即使到了十月份，溫度也維持在三十幾度。所以我還是立刻換了房間。不過在換了房間後，我大概只開過三四次空調，高溫天氣就逐漸結束了。

除了熱以外，雜訊也是妨礙睡眠的因素。我住的這種出租房，樓下的大門沒有門禁系統，假如租戶有訪客來了，要不就電話聯繫下去開門，要不就直接在樓下喊。只要樓下一有人喊，就會把我吵醒，這時我真想下去掐他們脖子。

不過，即使沒有雜訊，氣溫也降了下來，我也還是很難睡著。為此我想了很多辦法。安眠藥我買不到，聽說黑巧克力有助於睡眠，我就把它當藥吃，睡前服一片——這當然不管用了。褪黑素我也買了，可是完全沒有效果。最後只能採用老辦法——喝酒。超市裡有四升裝的二鍋頭，紅星的太貴，我就買雜牌。幾種雜牌都是四川產的，喝起來不像清香型的二鍋頭，倒像濃香型的酒，不過價格倒是很便宜。在我給自己劃定的消費水準內，我偶爾也會買好一點兒的酒，比如五百毫升裝的「老村長」，十八塊錢一瓶，是這個價位裡最好喝的。

我經常一邊喝一邊看書，喝完後完全不記得看了些什麼，有時我要喝個二三兩才能躺下。晚上我是六點半起床，假如中午兩點前能睡著，我就會感到慶幸。但在有些糟糕的日子裡，我甚至過了四點還醒著，這時我就會非常焦慮。在到D公司之前，我每天要睡七個小時；但上夜班之後，我日均只睡四個多小時。

喝酒導致的另一個問題是，睡醒後我還是醉醺醺的。幸好我是走路上班。我真真切切地感覺到，每一步踏下去，路面的高度都不相同，而且說不清楚是我的身體在搖晃，還是這個世界在搖晃。假如沒有醉得那麼厲害，我就會感到困乏，覺得像是完全沒有休息過一樣。在上班的路上，經過一排平房，聞到屋裡傳出的飯菜香味，看到別人已完成一天的勞動，正愜意地癱坐在沙發上，我深深感到這種休閒的時刻才是真正的幸福，而我甚至還沒有開始幹活兒就已經比他們更累了——這時候我就會惡毒地咒罵自己，我的身體咒罵我的意志，我的意志也咒罵我的身體，我發誓明早下班後要立刻睡覺。可是到了明早，情況又和前一天一樣，就這麼周而復始。

這裡介紹一下我當時住的地方。那是一個小村子，叫羅亨村，緊挨著物流園，中間隔一條小河湧。物流園是個開放的園區，並沒有圍牆門崗，車輛行人可以隨意通過。反倒羅亨村是封閉式的，一邊被河湧包圍，另一邊的出入道路設有門崗，每天晚上十點關閉。最初我覺得奇怪，村子為什麼要圍起來呢？這樣的做法我從沒見過。後來才發現，羅亨村的主產業是培植觀賞植物，這裡從小巧精緻的盆栽到高大茂盛的行道樹，五花八門應有盡有。或許有些植物價值較高，村民為了防盜，就把村子圍了起來。就連我每天上下班走小路，途中都要翻越一道鐵蔾柵欄。有一個下雨天，我打著傘去攀那柵欄，一不小心右手臂被尖銳的鐵蔾劃破，至今仍留疤痕。

羅亨村的村民都姓雲，從他們祠堂門外的對聯上，我了解到他們的祖先是不知哪個朝代從隴中遷來此處的。村子原本其實叫羅坑村，這是我從老房子廢棄的門牌上看到的，現在則改叫羅亨村，聽起來就沒那麼樸實了。不過村民大概嫌原來的名字土氣，妨礙他們做生意。假如你是一個珠三角的小老闆，想為自己的辦公室添置幾盆富貴竹，那麼在羅亨村買顯然比在羅坑村買更讓你放心。

在羅亨村生活並不方便，村裡沒有超市、髮廊、食店，只有兩個小賣部，商品種類都很少，因此我的大多數同事都住在附近更大的石洲村。從羅亨村步行到石洲村要半個小時，我一般兩三天去採購一趟。那裡有一個菜市場、一個小公園、一個籃球場、一個中型超市，還有幾家日用雜貨店，此外小食店和出租屋也很多，晚上還有賣燒烤和麻辣燙的露天攤。不過我喜歡安靜的環境，所以羅亨村更適合我。此外羅亨村的房租也便宜一點兒，比如我住的單間，租金是四百塊，石洲村同樣條件的要五百塊。

平常我們都很少在網上買東西，雖然網上的東西便宜，品種也多，但村裡的快遞員都不上門，只在村口打電話，通知我們出去取。我下樓取一趟快遞要十分鐘，而且不知道快遞員幾點來，而白天的睡眠本來就珍貴而易碎，萬一被電話吵醒了，可能就再也睡不著，因此我寧願不網購，石洲村有什麼我就買什麼。幸好那裡的東西都不貴，比如我買了個三角牌電熱水壺，只要二十九塊，後來我留給了房東。我想貴的東西，在石洲村也賣不出去。

所謂鐵打的營盤流水的兵，這份工作只有少數人能幹長久，因此公司常年在招人。我剛入職的時候，給公司介紹一個人獎三百塊，後來漲到五百塊，再後來漲到八百塊，「雙11」前漲到一千塊。我介紹了個朋友去營業部做收派員，拿到的五百塊獎勵，我一分都沒要，全部給了他。但他幹了不到兩個月就跑了，說是太累了。在我們分揀場的衛生間裡、電熱水機旁、洗手槽上方等空白處，都貼著人力資源部的彩色海報，內容是一些在職員工的自述。我還記得其中的一些，比如有個人，名字我當然忘了，姑且叫他老王，在分揀場幹過幾年，後來辭職做生意去，結果錢都虧光了，於是又回來繼續打工。如今他現身說法，指出還是打工好，待遇也讓他滿意……這些陳述的文字就排在他的一張半身照旁。

從照片上看，他現在似乎過得不錯，對著鏡頭露出了快樂、滿足的笑容。和老王有近似經歷的人還有很多，我們可以一邊小便或一邊洗手或一邊打水，一邊慢慢地看。

除了製作宣傳海報，人力資源部也親自上陣，在石洲村的路口擺攤子，在牆上貼招聘啟事，在 **App** 裡發廣告，總之多管齊下、長招不懈。只要有人來應聘，他們不管那麼多，先丟到分揀場來試試工，畢竟他們也有 **KPI**（績效）考核。大概因為這個緣故，有些被送來試工的人，明顯並不適合。比如曾經有一個女孩，小細胳膊小細腿，個子也矮小，看樣子就不像能幹這種活兒的。但人既然被送來了，也不能退回人力資源部，更不能推到其他組，還是得讓她試一試。組長心裡其實不想要這種人，怕她手腳慢，拖累全組勞效，而且吃不了苦，幹一兩個月就跑，白白把她帶出來。於是試工的時候，組長特地叮囑我們不要幫她。我前面說過，試工其實是最累的，沒幹過這活兒的人，一般需要一兩周時間適應，身體條件本來就差的就更不用說了。可是，越是她這樣弱不禁風的人，我們越不能幫，因為幫她無異於誤導她，令她以為自己可以勝任。必須讓她吃足苦頭，若最後她還是覺得自己能幹，那麼才是真的能幹。反倒是些看起來壯壯的人，我們可以搭把手，幫幫他們。

我自己試工的時候，因為不掌握倒包技巧，把快件從纖維袋裡倒出來時，需要抽回那只纖維袋，我沒有用拇指和食指夾住袋子的尾巴，而是用食指尖去摳著拽。當時我也沒覺得疼，可是這麼拽了三個晚上後，兩根食指的指甲都反了，幾天後黑掉，後來慢慢脫落，過了兩三個月才長出新的來。

不過我們當中也有一些殘疾人，是政策規定要錄用的——每個企業按照總用工數，須安置一定比例的殘疾工。據說我們之前因為沒有達標，還被罰過一大筆錢。殘疾工其實是可以幹活兒的，而且在有些崗位上，他們和普通人沒有區別。

只是由於身體不便，他們不能輪崗。比如跛腳的人，就不能去倒包和打包，因為倒包和打包需要不斷走動——我一雙全新的迪卡儂跑鞋，四個月就穿破了——這就難免給組長在安排輪崗時增添了麻煩。所以組長並不喜歡他們，有時還會挖苦他們一下。

在任何團體裡，大概都會有被排斥的人，我們組裡也不例外。有一個剛從學校出來的小妹，才十八九歲，是組裡最年輕的人之一。她個子很瘦小，力氣不大，動作也不快，甚至可以說稍有點兒遲鈍。她經常在流水線上拖大家後腿，迫使別人援助她，有時甚至要把傳送帶停下來。除此以外，她的性格也比較孤僻，在組裡沒有任何談得來的朋友。於是，幾乎所有人都討厭她，給她起難聽的花名，當面取笑她，對她隨意地呵斥。換了我的話，在這種環境裡是無法堅持的。

可是在精神上，她比我要堅韌，或者是麻木，或者是不在乎別人的眼光，反正她堅持了相當久，遠遠出乎我的預料。我對她儘量友好，但是對於她的處境，我幫不了更多。有次她被氣哭了，半夜跑掉，撂話說不幹了。組長其實鬆了口氣，因為他也想替換掉勞效低的人，只是這個小妹此前一直雷打不動地堅守在自己不能勝任的崗位上，組長也拿她沒辦法。不過過了兩天，這個小妹又提出要回來，組長當然拒絕了。可是這個小妹的男友也在分揀場上班，是做裝車的，他領著女友過來求情，跟組長磨了很久——大家畢竟在一個公司上班，抬頭不見低頭見，而且都是打工人，太難為彼此也不好。最後組長讓步了。於是這個小妹又回到我們中間，繼續受苦受難。

我入職那會兒，來了個新人，只比我晚幾天。他試工的第一天，組長讓我帶他去飯堂，之後他就每天黏著我，甚至連上班，他也要和我約好在路上碰頭，然後一起走。他甚至提出要和我同一天休息，然後一起去玩，幸好組長沒同意。其他人都以為，他和我本來就認識。他的這些做法，令我很不舒適，但又不好意思回絕，畢竟他很友善。而且他有個缺點——很喜歡吹牛，老說自己有多厲害，什麼活兒都懂得幹，以前還管過多少人，打架可以一個打六七個，等等。我只能邊聽邊點頭，又不敢告訴他，我一點兒都不相信。我想一個人得有多麼空虛或自卑，才會這樣吹牛啊。可是現在回過頭看，我對他當時的做法多了一些理解。比如說，他和我都是自己到D公司應聘的，在公司裡不認識人，加上我們幾乎同時入職，在很多方面都有一致的對外立場和利害關係，我們結盟的話對彼此都有利。在一個新環境裡單打獨鬥是有風險的，運氣不好就會像上面那個小妹一樣被孤立。而他在第一天見到我時就已經意識到了這些，反倒是我懵懵懂懂，始終沒理解他的用意。

我們組還來過一個孕婦，是被男友介紹來的，她男友也在我們組。原本人事有規定，情侶不能分到同一組，可她男友大概開始時隱瞞了和她的關係，後來木已成舟，組長也只能賣他個人情。孕婦剛來的時候，肚子還不明顯，而且她很年輕，才二十歲出頭，身體很健康，幹活兒沒問題。可是漸漸地，她的肚子鼓了起來，看著就讓人很難受了，畢竟這可是通宵的體力活兒啊。有人已經私下搖著頭形容這是「人間慘劇」。她男友還好賭，在 App 上買六合彩，性質跟賭博一樣。反正一發工資，他幾天就輸光，然後用女友的錢吃飯、交房租，還叫女友問我們借錢，因為他自己已經借遍了，不好意思再借了。慢慢地，兩人鬧起了彆扭，主要是女的對男的不滿。男的脾氣倒很好，從來不發火，可是脾氣好有什麼用——就像一隻沒底的鍋，哪怕鍋蓋很結實，又能派什麼用場？終於有一天半夜，那個孕婦哭著跑了，大概是既累又恨，繃不下去了。第二天她就辭了職，我再也沒有見過她。那個男的一直到我離職時都還在，不久後他又交了新女友，他的新女友是個獨自出來打工的有夫之婦。提到那個孕婦時，他也是滿臉愧疚，說要給她補償，不知道給了沒有。不過後來他倒是戒了賭，或許是因為無法再借到錢，要不就是那個 App 被封了。從頭到尾，我們所有人只是在旁觀，靜靜地看著事態發展，沒有人出來教訓他，也沒有人伸手援助孕婦，頂多只是安慰她幾句。我們也各有各的壓力，各有各家裡不順心的事，誰也沒有餘力顧別人。在那種工作場所裡，每個人都被生活壓榨著，同情心因此透支，然後不知不覺地變得麻木、冷漠。

這份工作還會令人脾氣變壞，因為長期熬夜以及過度勞累，人的情緒控制力會明顯下降。我就跟組裡的兩個人吵過架，吵得很凶。其中一個在和我搭檔時，磨洋工磨得過分，而且心態不好，嘴巴又損，認為占人便宜是理所應當的。另一個人更過分，把難幹的活兒推到我面前，自己專挑輕鬆的幹，而且每次都這樣，欺負人已經到了懶得遮掩的地步。我差點兒就和他動手了，當時我只想打一架，和誰打都行，他尤其合適。不過打架是要被開除的，即使在外面約架，被公司發現了也要開除，所以幸好我們沒有打。

其實在組裡，大家對摸魚的人還是比較寬容的，因為每個人的工作量和收入本身就做不到公平，摸魚的人只要別拖累別人就好。而且總的來說，那些經常摸魚的人脾氣反而更好，大概他們也是有點兒心虛吧。

我們的工資計算方法是這樣的：全組五十幾人，按當月各自的工作表現，被評為A、B、C三級。其中表現最好的十個人評為A；犯有嚴重過失，比如丟件、錯分、曠工、違抗命令等的評為C；其餘人都評為B。A級的實發工資五千塊出頭，B級大約四千七百塊，C級大約四千三百塊。根據每個月的快件總量變化，這個工資基準會有一定波動。因為C級是一個懲罰級別，我們只要不犯錯，就不會被評上，所以大家其實是在A和B之間算計。有些人對此是很在意的，比如和我吵架的第二個人，他只要沒評上A，就一定會找組長要解釋，借此施加壓力。但更多的人是懷著一種被動接受的心態，雖然偶爾也抱怨幾句，卻並不主動去爭取。這些人大多是不想吃更多苦，不願賣更多力，或清楚自己即使賣力也很難表現突出，那麼還不如少幹點兒，避免出錯掉到C——和我吵架的第一個人就屬於這種。

表面上，組長給我們評級的主要依據是計件量，可是我們每個人在不同的崗位，負責不同的工作內容，彼此的計件量很難換算比較。所以很多時候，計件量只是組長拿來激勵或搪塞我們的幌子。他真實考慮的因素是兩方面：一方面是安撫和平衡組員的情緒，輪流讓多數人評上A；另一方面是激勵部分工作能力強，並且更願意出力的人。我因為幹活兒向來全力以赴，而且人緣比較好——雖然我也吵架，但和我吵架的人人緣都很差，大家看到我罵他們還感覺解氣。實際上，我是組裡最友善隨和的，我一個人說過的「謝謝」，比其餘所有人加起來都多。我在D公司幹了十個月，記得被評了大約五次A，這算是待遇很好了——我最後辭職的那個月肯定是沒A的，剛入職的頭兩個月也不會得到A，因為給新人A會損害老員工的士氣。畢竟A是珍稀資源，大家都盯得緊緊的。再說一個新人能幹多久，組長還吃不准，萬一給了個A，接著人就跑了，那這個A就浪費了。從組長的角度看問題，就是要把每個A的價值最大化。考慮了以上種種因素後，可見組長有多麼器重我。當時組裡每個月評優秀員工，最初採取全員無記名投票方式，結果頭三個月裡我兩次得票第一，一次得票第二。看到這種情形，經理特地調整了評選規則，避免這個獎被一兩個人壟斷。我得到的獎品主要是些日用洗潔品，還得過一隻電吹風，但我頭髮短，用不上，就送給同事了。

物流園裡還有一些外包公司，到了物流旺季或電商平臺大促時，我們處理不了增加的貨量，就到外包公司找臨時工。這些外包臨時工幹起活兒來不緊不慢，因為他們每天去不同的地方上不同的崗位，確實沒法和我們一樣熟練。另外他們幹一天拿一天錢，沒有評A、B、C這些內容，所以工作應付一下就行了，沒有必要太賣力。我們對這些人是既盼又恨：盼是因為他們來了我們的壓力就輕了，恨是因為看到他們幹活兒的樣子就來氣。而且這些人還得罪不得，因為在物流園裡，他們的公司是賣方市場，假如他們對D公司的評價不好，他們公司就會拒接D公司的單，那麼到了物流高峰時期，D公司就只能出更高的價錢打動他們了。在私下裡，我們會半開玩笑地互相罵：「你這麼懶怎麼還不去幹外包?!」——不過還真有人離職後去幹外包。幹外包的好處是自由，每個月想幹幾天就幹幾天。不過D公司畢竟是上市公司，是貨運物流行業的翹楚，相對要更正規和守法，比如會給員工購買五險，也從不拖欠工資。其中的利弊得失，就由各人自己去權衡了。

物流大概不算高危行業，但在分揀場偶爾也會死人。我們那裡常規大幾百人在崗，加上頻繁的人員流動和更替，一年下來保守有幾千人在那兒上過班，其中難免有些是有基礎病的，被過度疲勞誘發而猝死。我在的那一年，就死了個裝車工，據說他幹活兒太猛，一晚上裝了兩輛車，回家躺下後就再沒起來。

我住的房間隔音很差，有次聽到隔壁在吵架，丈夫在罵妻子，罵了一大通，妻子始終不說話，可能是理虧。我聽到丈夫說，我辛辛苦苦幹了一天活兒，回來只想睡個安心覺，連這我都不能夠……猜測是妻子整了些讓丈夫難過的事，然後丈夫就哭了，一個大老爺兒們，一邊哭一邊繼續罵。出於八卦心理，我想聽清楚他妻子到底幹了什麼。可是我們這些人來自五湖四海，口音各不相同，我不能完全聽懂他說的話。

二〇一八年春節前，我們理貨部門建了個微信大群，拉進了四五百人。按照慣例，各組組長和經理要輪流發紅包，然後大家一起搶。那年的年三十晚上，我就躺在床上搶紅包，感受過年的氣氛。我從來沒有進過這麼多人的群，大家還都在說話，發自己老家的照片，互相拜年、抬槓、起鬨，還有那些轉來轉去的賀年表情圖，有時候幾秒鐘內能拉出十幾屏長的聊天紀錄，手機瞬間就卡住，比看春晚熱鬧多了。在過年氣氛一年比一年淡的情況下，我已經很久沒過過這麼溫暖和熱烈的春節了。或許由於我的手機配置低，或者網路卡，很多紅包我都搶不到，最後總共只搶了十幾塊，我又發回到群裡了，高興是用錢買不到的。

忘記是在春節前還是春節後，我們組的經理在一家火鍋店請了次客。這個經理是後來換的，原來的經理調到外地去了。新經理是在另一個部門從底層做上來的，他來到我們組，難免要籠絡一下組裡的骨幹，讓大家支援他的工作。那次除了幾個組長和一個助理外，他還叫了四個組員，我就是其中之一。這意思很明顯：我是他眼裡的後備組長了。後來我辭職的時候聽說，D公司當時正在廣州白雲區的東平籌備一個新的貨運中轉中心，經理想把我推薦過去。我們物流園在順德C村，雖然屬於佛山，但和廣州也緊貼著，我們去廣州南站騎車只要半小時，比去佛山市區近。

假如我在那裡幹到今天，至少也是個後備經理了，這時候大概正愁得扯自己頭髮、對著別人大吼大叫吧。但是我聽說，長期熬夜會增加患上阿茲海默症的風險。我年紀已經不小了，這不是遙遠的事，為此我很焦慮。實際上我已經感到腦子不好使了，主要是反應變得遲鈍，記憶力開始衰退。為了延緩大腦的退化，我就開始吃堅果，也不管有用沒用。

考慮到價格，我主要吃核桃、花生和瓜子。

石洲村能買到好幾種花生和瓜子，價格都在一斤十塊錢以內，我幾乎每一種都買來吃過。核桃能買到一種殼不厚不薄的，也是十塊錢一斤，它不像小時候吃的硬核桃，硬得能把門的合頁撬歪；也不像現在網上賣的新疆紙皮核桃，用手輕輕一掰就碎。它介於這兩者之間。所以我一般把它往地上用力一摜，它就從中間裂開了，然後我再把果仁摳出來吃。不過我也知道，核桃是不能預防阿茲海默症的。

二〇一八年三月，因為私人原因，我從D公司辭了職，然後到了北京，隨後入職了S公司，改做快遞員，不上夜班了。送快遞雖然也辛苦，但不用熬夜，而且收入更高。其實我就不該去上夜班，最初就該去送快遞。我有輕微的社交障礙，原先以為送快遞對我來說很難，因為每天要和很多客戶打交道，後來我發現自己完全應付得了。

眨眼在北京三年多了，現在我已經離開了S公司，很快也要離開北京。回想起在D公司那時候的自己，我已經改變了很多，但也有些方面沒變。比如現在我不想和人吵架，更不想打人；比如我還在堅持吃核桃、花生和瓜子。

第2章

我在北京送快遞

面試：01

去S公司面試的那天，是我到北京的第三天。第一天和第二天我用來安頓自己，第三天早上起床後，我在58同城上投了一些應聘資料。那天是二〇一八年三月二十日。還沒到吃午飯的時候，我的手機就響起來了。電話裡是一位女士，她首先表明自己不是用人單位，而是屬於58同城旗下的一個職介部門或子公司。我起先以為她想推銷些什麼，但隨即反應過來，她的職責是幫用人單位和求職者牽線。電話裡的女士繼續對我說道，在看到我投遞的資料後，想把我推薦給S速運公司，假如我下午有空，可以到亦莊面個試，位址她會通過短信發給我。我毫不猶豫地答應了。對我來說，在找工作這件事上耗費時間划不來，我的條件很難找到收入更高的工作，S公司已經比我原本最糟的設想要好得多。

出發去亦莊之前，我還接到了另一個電話——另外一位女士問我有沒有興趣到D物流公司試試。我告訴她，六天前我才在D公司辦完離職手續，當時經理告訴我，正常離職後三個月內不能再入職。所以，我不知道是不是換了一個城市，這三個月的限制就取消了。結果她回答不出來。實際上在我投遞的簡歷裡，工作經歷一項已經注明我在D公司的離職日期，她大概沒有仔細看。在支吾片刻後，她對我說，她先打聽一下這種情況，然後再給我回電話。當然，後來她再沒聯繫我。

至今我也不知道，當時在亦莊面試的那個地方，是S公司的什麼部門，後來我再也沒去過那裡。面試位址在一個開放的工業園區裡，周圍都是面積很大的廠區。S公司的那棟樓就立在路邊，樣子有點兒破舊，看得出是個從事體力勞動的地方。不過奇怪的是樓裡沒有什麼人。我記得包括我在內，總共十幾個應聘者，都站在一個房間裡聽一位經理說話。房間裡好像沒有椅子，要不就是大家都不好意思坐，因為跟我們說話的經理也是站著的。那個經理是什麼經理我也沒搞清楚，從頭到尾就只有他在接待我們。他用聊天的口吻和我們說，他最初也是從快遞員幹起的，現在則負責人事管理的工作。他大概是想告訴我們，他和我們出身一樣，都屬於勞動人民，同時也暗示我們將來也會有廣闊的職業前景。

於是我們圍著他，認真地聽他說話。他則提高了聲音，確保每個人都能聽到，那樣子就像個正在介紹景點的導遊。

他的工作也確實接近于導遊。他說，網上經常有人提到，快遞員的月薪早已過萬，所以難免有人覺得送快遞的收入很高——確實有收入高的快遞員，但那只占少數，剛入職的新人手頭沒有積累的客戶資源，不可能拿到那麼高的工資。不過他馬上補充，入職後的第一個月，公司會保底給五千塊。

接著他又說，幹快遞這行，上班時間長，客戶難伺候，每天日曬雨淋，很多人沒幹之前以為很輕鬆，幹了之後才發現自己受不了……顯然，他擔心的不是我們不能勝任或瞧不起這份工作，而是我們幹了兩天就跑掉——假如是那樣的話，還不如此刻就打道回府好——這大概就是他的用意。不過，我原本就沒想過月薪上萬、工作輕鬆之類的事情，其他人大概也沒有，反正在他說完之後，並沒有人因此失望地離開或向他提出什麼問題。看見大家都沒有懷著過高的預期，經理大概有點兒滿意，於是拿出了一疊表格讓我們填。在我們都填好表之後，他讓我們選擇各自就近的網站去報到。方法是這樣的：他一個個地讀出有空缺職位的網站名稱，然後我們舉手報名。我聽到他念出了第一個地名，這是個我沒聽過的地方，當時北京九九%的地方我都沒聽過，所以這很正常。不過我擔憂地想到，萬一到最後他讀出的地名我全都不認識，那我該怎麼辦？就在這時候，他念到了「梨園」。恰好我就落腳在梨園——北京那麼大，地方有那麼多，而他第二個就念到「梨園」，我覺得這太幸運了，就像是命運推了我一把，於是我馬上報了名。

拿到了梨園分部的位址和負責人電話後，我先在高德地圖裡查了一下，發現那個地方離我住處很近，步行只要二十分鐘。我又看到時間還早，心想何必耽擱一天呢，於是立刻就給梨園分部的L經理打去電話，說我馬上過去報到。但是我未免有些過於樂觀；我來的時候交通暢順，回去卻撞上了晚高峰。北京的交通狀況很快給我上了一課。兩個小時後，我在公交上又給L經理打去電話，說我趕不及了，還是得明早過去。

三月份的北京依然春寒料峭，氣溫比我從南方出發來的城市低了十幾度。第二天早上，我去到雲景南大街的某社區旁，S公司的雲景裡網站就設在這裡。L

經理的辦公室在站點二樓，在進門之前，我看到旁邊還有京東和D公司的站點。因為這個緣故，人行道上已經被貨車碾得支離破碎、坑窪不平。

包括雲景裡網站在內，L經理管理著附近的四個S公司網站。見面之後，我發現還要回答他的一些問題，大概這個才是正式的面試。L經理戴一副細框眼鏡，年齡大約四十歲，說話時帶著禮貌的微笑。他這會兒估計不忙，所以和我東一句西一句地聊了起來。不過對於一對一的聊天，我並沒有心理準備，所以基本是他問我答，多餘的話我一句都沒說。他問我是哪裡人，我告訴了他。他又問我來北京多久了，我說剛第四天。他接著問我為什麼想送快遞。我不知道自己算不算想送快遞，如果有更好的選擇，我就不來送快遞了。不過我猜他想聽的不是這種答案，而且我也不敢這麼說。這時我犯了一個錯誤，我應該說我對S公司向來有好感——加入一個我喜歡的公司，這合情合理，完全說得過去。可是我由於緊張，卻說成因為我住在附近，想找一份就近的工作。這當然也是事實，但不全面——在我可以找到的工作裡，送快遞是收入比較高的一種。我那麼說顯得有點兒漫不經心，好像到這裡來只是貪圖方便，並不是深思熟慮的決定。

果然，L經理對我的回答起了戒心。他旁敲側擊地試探，問我想在北京待多久、為什麼要來北京等等。我回答了之後，他又問到我的家庭情況，問我父母多大了、有沒孩子之類的。我知道他在擔心什麼，所以再不敢說錯半句。接下來我回答的都是我認為他喜歡聽的。他說，這個工作沒有我以為的那麼好。我就說，我沒有以為這個工作有多好。他說，送快遞很苦的。我就說，我不怕吃苦，我的上一份工作比送快遞還苦。像這樣的對話讓我感到尷尬。我明白他在介意什麼，他怕我幹幾天就跑掉，這樣的人估計不少，大概已令他非常頭痛。從聊天當中，他知道我沒有孩子，父母有醫保和退休金，不必靠我贍養，故此我身上的擔子很輕。這些資訊引起了他的警惕。當時我完全沒料到，他會對這些內容那麼敏感和在意。顯然他在擔心，假如我在工作中遇到不愉快的情況，可能不會選擇忍辱負重，而是會因一時衝動而辭職，因為我身上沒有足夠沉重的負擔。除此以外，和其他應聘者相比，我說話可能過於文雅。雖然L經理也是個斯文人，但我後來察覺，他其實更喜歡性格「粗」點兒的快遞員，因為「粗人」身上沒有多餘的自尊心。後來在工作中我親身體會到，自尊心確實是一種妨礙。

今天的我回過頭看，已經能理解他當時對我的方式和態度；可能換我坐他的位子，為了把工作做好，也只能選擇和他相似的做法。他嘗試勸退我，不過是委婉地，因為他和我一樣，都不是簡單粗暴的人。而且更重要的是，我頭一天大老遠地跑去亦莊應聘，然後再被分配過來，假如他不接收我，起碼得給出個合理的解釋。所以他希望我自願放棄，但我並沒有。最後，他好像不大情願似的收下了我，讓我第二天到鄰近的臨河里網站試工。

02：試工和入職

S公司臨河里網站原來確實在臨河里，後來因為網站的消防檢查不過關，被有關部門查封了，於是才搬到了梨園地鐵站斜對面的一座寫字樓的後院裡。但網站的名稱卻沒有跟著改，仍然叫臨河里網站。這些都是我聽小高說的。小高是帶我試工的快遞員，也就是我的師父。不過他的年齡比我小很多，是個一九九五年的東北小夥。

小高的工作區域在梨園中街和玉橋東路的交界處，他負責幸福藝居、源泉苑、玉橋東里三個社區。這三個社區其實緊挨著，只由鐵圍欄隔開。第一次坐上小高的快遞三輪時，他告訴我他有兩輛三輪車，其中一輛出了點兒毛病，擱在家裡了，他又開走了網站裡的另一輛。為此他很得意地說：「×××在這裡幹了快十年，但還是開著原來那輛老車，而我都有兩輛車了。」我覺得他的想法很奇怪，就好像三輪是他的個人財產一樣。因為我後來很少和×××打交道，他的名字我已記不起來。我也沒去求證過，他是不是真的幹了十年。不過他的三輪確實和其他人的不一樣，是一種老舊的款式。當時我還不知道，小高因為額外挪用了一輛三輪，每天都在和網站裡的人扯皮。他還得意地告訴我，每逢休息的時候，他和他的女友就開著快遞三輪去買菜。顯然，他對於公車私用的「福利」很滿意。

在S公司試工是無薪的，要試三天，說是不用幹活兒，只是跟著師父看看學學，實際上肯定要幫忙——誰好意思光看不動手啊？所以我和小高合作，他把車開到樓下停好後，我們就各上一個單元。小高對自己負責的社區已經很熟悉，經常提前告訴我哪家有人，哪家沒有人；沒有人的時候，哪家的快件可以放門廳，哪家的放鞋架，哪家的放電錶井……看來這工作也沒什麼難度，只要記性好，在一個地方待久了，效率自然就上去了。

試工的第三天下午，我抽空到網站旁邊的中建二局附屬醫院體了個檢。沒想到體檢報告要等三天才能取。早知道這樣，我試工前就該先體檢。於是我休息了一天。第二天小高打來電話，讓我去幫他的忙，說貨太多了，他送不過來。我想反正也沒事，去熟悉一下社區也好。那天早上的快件送完後，小高把我拉到梨園東里菜市場，我們在「成都主食」吃了頓午飯，是他請的客。我是來無償勞動的，所以沒跟他客氣。

小高的小組有六個人，其餘的人負責濱江帝景、京藝天朗嘉園、美然百度城這一片區域。S公司早上的快件比較多，時間很緊張，下午則相對清閒一些。所以到了下午，大家會聚在濱江帝景門外，邊等貨邊聊天。那天有另一個剛入職的小哥，他是負責濱江帝景南區的，對我說：「你那個體檢報告只要多給五十塊錢，隔天就能取到，不用等三天。」我說：「我也問過能不能加快，但護士沒告訴我啊。」小哥說：「他們就是為了多收錢才故意拖時間，你要主動給，問是沒有用的，她不會說，因為收這個錢不合規。」他說這是他的親身經歷，所以我不好懷疑他，他騙我確實沒有任何好處。但是我也不想懷疑接待我的那個護士，因為她看起來也是個認真負責的人。到了那天下班的時候，小高約我第二天再去幫忙，我爽快地答應了。

第二天我幫小高送完了早上的快件，下午去醫院取了體檢報告，然後帶回網站交給主管。臨河里網站的主管姓Z，我感覺他不是個友善的人，也不太喜歡說話。我問他的問題他多數不回答，甚至連看都不看我。和他溝通就像小學生和老師說話，明明自己沒做錯什麼，也有種在挨訓的感覺。我先面試了兩天，再試工了三天，等體檢報告又等了三天，這時已經是三月二十七日了。Z主管讓我坐在旁邊等，他在辦公桌上操作電腦，也不知道是不是處理我的事情。過了好一陣，他終於告訴我，三月份的入職名額已滿，最快要到四月二日才能入職。我當時心想，我都試完工，也體完檢了，你才告訴我沒有名額，這無論合不合理，起碼是不太尊重人。既然沒有名額，你們招什麼聘呢？而且他通知我的時候，也沒有任何抱歉的意思，就是一副你愛幹不幹的表情。

隔天一早，小高又打來求援電話，說網站要收回他挪用的那輛三輪，而他自己的三輪一直沒推去修，所以想讓我幫他去修車。見了面之後，我發現他有些氣急敗壞，大概剛和網站裡的人吵過架。這時我隱隱察覺，他可能屬於網站裡比較自由散漫、不太服從管理、麻煩事有點兒多的那類人。我們用好的那輛三輪拖著壞的那輛三輪，開到了臨河里路的小街之春嘉園，那裡有家店門只有一米寬的迷你修車店。然後小高自己去派件，讓我留下來等著。我還記得自己坐在修車店裡百無聊賴、東張西望的情景。我看到店裡的水泥地面已經被砸得坑坑窪窪，因為覆著一層油污而烏黑發亮。各種零配件沿著四邊牆雜亂地（但在老闆眼裡可能是有序地）堆放著。我還記得來過兩個顧客，其中一個大姐來取訂購的電瓶，老闆收了她六百塊或七百塊，比我猜想的便宜。另外一個中年男人也來問電瓶，但最後沒買。奇怪的是，我記得這些瑣碎的事情，卻獨獨忘了當時為什麼讓我留下來等。現在回想起來，我們把三輪交給老闆後，留一個人等完全是多餘的。不過，三輪並沒有在那家店裡修好，老闆調試了半天，最後好像說缺少工具還是配件。於是到了中午，我們又把車子拉到了梨園東里菜市場，那裡有家更大的修車店。大店生意很好，所以要排隊，我們吃了個午飯，又等了一會兒，老板才開始看我們的車。結果大店也修不了，好像是說S公司用的宗申電三輪，某個配件不是通用型號，必須從原廠訂。磨到下午四五點，修車已經徹底沒戲了，這時小高還在派件，抽不出空來，我向他轉述了情況後，他讓我把三輪從梨園東裡菜市場推回網站，這一路我走了將近一個小時。

接下來我又去白幹了兩天活兒。小高好像很依賴我，每天都喊我去幫忙。大概我比他年長，他覺得我可以信賴。也可能他和組裡的同事處不好，寧願尋求外人的支援。為了提高效率，我們改為分頭行動：我把要送的快件裝在纖維袋裡，扛在背上，騎一輛共用單車進社區，他則去送別的地方，送完之後我倆再會合。小高每天讓我去幫忙，當時我以為，等我辦好入職後，自然就留在他的組裡了。那麼我提前熟悉一下片區，和組裡的同事認識認識，對以後的工作也有幫助。實際上卻不是這樣，試工其實是隨機的，後來我並沒分配到他的小組。

他們組裡還有一個莫名其妙的人，在聽說我的情況後，吩咐我：「那你就先義務幹著吧。」這個人在組裡還是個組長。這裡說明一下，所謂的組長，並不是正式的職稱，也沒有職位補貼，一般由組裡入職時間最長的人兼任，負責協調組內的工作以及和網站的管理人員對接。組長之所以願意無償地付出，是因為他們入職時間最長，肯定已經拿到了小組裡最好的社區。所以他要不就是組內收入最高的，要不就是工作最輕鬆的，或者在這兩者之間取得了自己想要的平衡。這個叫我義務幹活兒的組長還告訴我，他剛來的時候也白幹了十幾天，因為當時沒有人提醒他辦入職，他也沒有主動找主管，他甚至不知道不入職就沒有工錢。隔天他又對我說，他特別崇拜S公司的老總W，每年春節的時候，S公司會在全國四十萬名一線員工裡，挑出最優秀的一百人包機送到總部參加年會，他渴望自己能被選上。他說這些的時候神情那麼誠懇和嚮往，以至於我不知道該怎麼和他聊天。組裡的其他人好像也不太喜歡他，我只好也儘量不理他。

出於無產階級的自覺，第二天一早小高又讓我去幫忙時，我給他回了資訊，說我有事不會再去幫忙了。我在住處待了兩天，買菜做飯搞衛生。第三天就是四月二日，早上我先到臨河里網站找到Z主管，跟他要到了簽好他名字的入職表。下午一點，我又去雲景里網站找L經理。可是L經理的辦公室沒有人，門上貼著一張告示：「入職手續在下午兩點後辦理。」我看見辦公室旁有一個開著門的會議室，於是坐到了裡面等。過了一會兒，陸陸續續又進來幾個人，全都是來辦入職手續的。大家好奇地互相打量一眼，然後各自埋頭玩手機，並沒有人說話。直到快三點，也可能過了三點，L經理和兩個文職人員才慢悠悠地聊著天回來，原來他們剛去吃午飯了。其中一個女文職既是財務，同時也負責辦理我們的入職手續。這個女財務和同事有說有笑，但一看見我們就板起臉，絲毫不想掩飾對我們的嫌惡。

輪到我的時候，我把材料遞給她，她在電腦裡查，但找不到我的名字。這時我才發現，Z主管只給了我入職表，卻沒在人事系統裡填報我的入職申請。女財務吩咐我回去找Z主管，然後順手看了看我給她的材料，結果發現我的血檢報告裡，有一項「中性粒細胞比率」稍高於正常值。她指著報告面無表情地對我說：「你的體檢不過關啊，不能辦理入職。」

從辦公室出來後，我馬上趕回醫院。這個醫院的體檢部是一個獨立的房子，在門診樓的後面。我拿著報告走進去，問一個值班醫生：「為什麼我的這項血檢數值異常，你們卻在總結欄裡寫一切正常？」他接過我的體檢報告看了一眼，然後有點兒驚訝地反問：「S公司就為了這個不讓你入職？」

我說是的。他說：「這個數值沒有影響的啊，正常人身上隨便哪裡發炎了，這個數值就會波動，過幾天就恢復了。為了這個不讓你入職，實在太荒唐。」他搖著頭，反復說了幾遍「太荒唐」，也不知道是真的很荒唐，還是為了安撫我，因為我看起來很生氣。於是我說：「既然這是正常的，那你幫我改回來吧。」他馬上回答：「哎呀這個不行，這是有規定的。」我問：「那現在該怎麼辦？」他說：「你可以重新驗一次血。」因為重新驗血又要掏錢，所以我問他：「那要是我再驗一次血，結果還是一樣呢？」他連忙說這個你放心，保證不會的。當時我覺得很奇怪，這個他怎麼敢保證，萬一我身上還在發炎呢？不過最後我還是聽從了他的建議，第二天一早又去驗了個血，因為除此以外我也無計可施。然後我回了一趟臨河里網站，Z主管正好不在，我讓網站裡唯一的一個女文職把我的入職名額上報一下。

複檢的結果當天下午就拿到了，果然一切正常。這也證明之前的體檢報告根本不用等三天。因為在體檢的所有項目裡，除了血檢以外其餘都是立刻出結果。哪怕我體檢時是下午抽的血，第二天結果也肯定能出來。現在多抽了一次血，我終究還是再掏了五十多塊錢。或許那個提醒我的快遞小哥說得對，這個小醫院確實有點兒問題。

四月四日早上，我第三次去到L經理的辦公室。結果這天那個壞臉色的女財務請假了，沒法為我辦理入職，L經理讓我改天再來。當時我剛到北京，還沒正式開始工作，每天有不少閒暇時間，所以晚上會寫一下簡單的日記。但我只記下了每天的行程，卻沒有記下自己的想法。如今翻看這天的日記，我也回憶不起來，自己當時是怎麼想的。因為一般來說，我很少會拂人意願。但是那天我沒有聽從

L經理的建議，而是轉頭去了臨河里網站找Z主管。大概那時候我已經不信任L經理了。

兩個網站離得不遠，步行半小時就能到。見到Z主管之後，他告訴我，假如我很著急，也可以去公司總部辦理入職。S公司北京總部在順義區的空港物流園里，距離我們梨園有三十多公里。我立刻出發，去到已經是下午。我發現公司人力資源組的職員都很年輕，教養也很好，接待我時很熱心。當然，他們的學歷也更高，和網站裡的人完全不同。在這裡，我才覺得S公司像一家現代公司。他們問我，為什麼大老遠跑來這裡辦入職。我說梨園的那個女財務今天沒上班。他們中有人小聲地嘀咕了句「又是她」。看來這個女財務並不是偶爾請假。接著他們又發現，臨河里網站的那位女文職，並沒有提交我的身分證影本，這導致我的手續還是辦不了。

我立刻聯繫了那位女文職，她在電話裡說：「沒道理會這樣呀，昨天明明發過去了。」於是大家又研究了一會兒，發現她把郵件發到了某個職員的郵箱，而不是按照理應的那樣發到工作組裡。於是我把身分證掏出來，當即讓他們複印了。可是他們又說，身分證是要提交到公安局審核的，當天無法返回結果。然而次日是清明節，和週六、周日調休連成了三天假期，也就是說我又要再等三天。

回家的一路上我都在琢磨，我遭遇的這些不順，究竟是因為我特別倒楣，還是有人——比如說L經理——故意設置的。因為當時心情不太愉快，所以我傾向於認為這是L經理在故意給我使絆子。不過，從我三月二十日去亦莊初試算起，到這時已經過去了半個月。在這半個月裡，我一直誠誠懇懇地準備加入S公司，沒有同時找別的工作。我掏了錢去體檢，還白幹了七八天活兒，起碼也得把付出的這些掙回來。

這時候小高還聯繫過我，他聽說我的入職一直沒辦好，就勸我索性別辦入職，因為他有事想回趟老家，說不準多久能回來，但他請事假不能超過三天，所以想讓我先用他的工號上班，錢他私下算給我。等他回來以後，我可以繼續幫他幹活兒，他可以多攬下兩個社區，交給我去送，我倆合用他的工號。這種不靠譜的提議，當然被我拒絕了。雖然網站裡是有這種情況，但人家自己有三輪車，而我沒有，小高多占的那輛車已經保不住了，這些問題他都沒為我考慮過。

清明節假期過完後，四月八日下午，我又去到雲景里站點二樓的辦公室，L

經理和兩名文職照例吃飯吃到三點回來，這天來辦手續的就只有我一個人。女財務又告訴我，有個什麼名額沒有了，我入職得換一種名額。這意思也就是說，我又得再等一天。看到她板起臉不耐煩的樣子，我也不敢問她說的那些名額是什麼含義。後來我知道，她是說正式工的名額滿了，我只能先入職為小時工，等以後有空缺了再轉正。小時工沒有底薪和各種補貼，公司也不給買五險，一般情況下只負責派件，不負責攬件，派件費是每件二．二元，而正式工的派件費是每件一．六元。此外，超過一公斤的快件，每公斤我們會有〇．二元的續重費。一些特殊件，比如要代收貨款的電視購物件，還有額外的提成。

因為原來的入職表作廢了，第二天一早，我又回到臨河里網站找Z主管。不料他不在，別人說他這天早上要去雲景里網站辦事，中午十二點才回來。我不想乾等，所以馬上趕去了雲景里網站。但二樓L經理的辦公室鎖著門，一個人也見不到。樓下雲景里網站的倉管員告訴我，L經理一般沒這麼早來。無可奈何之下，我回家坐了一會兒，到了十一點我又趕過去，這次碰到了Z主管。可是他對我說：「你來這裡幹什麼，回臨河里網站去等我。」我心想，要不是你們耍了我大半個月，我至於這麼步步緊逼嗎？

下午我終於從Z主管手裡拿到了小時工的入職表。這一天女財務又沒來上班，不過我已經習慣了，其實我也不想看見她。我又坐了兩個多小時車到總部，終於把入職手續辦好了。辦手續的時候，有個胖子排在我前面，估計有兩百斤，他是離職後再回來的。負責人看了他的體檢報告，馬上指出他的血脂異常，然後皺著眉問他：「你辭職回家吃胖了吧？」周圍的人聽到都笑了。他紅著臉，不知道怎麼回答。這時旁邊有人給建議：「你找個朋友，體檢的時候頂替一下就行了。」負責人在旁邊聽著，但什麼都沒說，沒有嚴厲地指出「不可以弄虛作假」。

流浪：03

臨河里網站當時有六十多個快遞員，分成了十多個組。開始的時候，我沒有自己的三輪，因為我的入職手續被一拖再拖，網站裡的三輪已經被瓜分完了。實際上和我同天入職的還有一個人，但他是老鄉介紹來的，他的老鄉提前幫他留了車。而我什麼人都不認識。於是整個網站裡，就剩下三個人沒車，我是其中之一。另外兩人入職比我早幾天，已經分配到小組裡了；我甚至連接收的小組都沒有，這時所有小組都滿員了。

於是接下來的半個月，我每天早上去到網站，都要先找Z主管，由他來協調，看哪個小組有人請假或休息，就把我臨時安插到哪個組。假如所有小組都不缺人，他就隨便把我硬塞給一個小組。這種處境令我的工作進行得非常痛苦和低效。假如我有自己的三輪還好，可是我沒有，那就無論到哪個小組都像個累贅。假如他們把我扔到社區裡，讓我步行去派件，我就沒法和他們一樣快。有些快件體積比較大，我沒法全扛在身上走，所以他們還得去送大件。而且我每天去送不同的社區，效率就沒法提高起來。有些社區在高德地圖裡沒有標出樓號，在這些社區裡，我只能不斷問人，有時候人家告訴我的方向是錯的。而在另外一些社區，雖然高德地圖裡標出了樓號，我也還是會繞遠路，因為有些捷徑和小門，地圖上是不標的，而帶我的同事又不能把這些都一一教給我，畢竟我可能只是來幫一天忙，明天就到別的小組去了，教給我也是浪費時間。出於這個緣故，他們有時會載著我一棟棟樓跑。但這樣我就不是在獨立工作了，對他們的幫助就很有限。而且我不是來試工的，換言之我不是免費的勞動力，他們帶著我送出去的快件，派件費是屬於我的。基於以上種種原因，加上有時我是被Z主管硬塞給他們的，這就不難想像他們對我的態度了。

不過，偶爾也有相反的情形。比如說，有一個小組很奇怪，組裡總共只有兩個人。因為他們的片區很小，假如安排三個人的話，每個人掙到的錢就太少了。可是不知道為什麼，和他們鄰接的其他小組沒有分一些區域給他們，讓他們可以增加人手。於是這兩個人就幾乎不休息，日以繼日地連軸轉。因為他們之中只要有一個人休息，另外一個人就無法兼顧翻倍的工作量。可是這種情況有時難以避免，我記得他們中的一個人當時突然患了甲溝炎，幾天都沒法上班。於是我去幫忙的時候，另外的那個人對我就很友好。

在我到處流浪的那段時期，我幾乎把網站裡十多個小組的地盤都跑遍了：最東到喬莊的七〇九〇社區，最西到九棵樹中石化加油站旁的25號院，最南到土橋的欣橋家園社區，最北到運河西大街全段南側。後來有一個叫飛哥的小哥接收了我，和別人不同，他不介意我瓜分了他的派件費，於是我們成了臨時搭檔，我每天坐著他的三輪車，和他一起派件。

飛哥說他很小就出來打工了，在山裡挖過隧道，當過修路工人。後來他養過各種牲口，我記得他提到養過驢，我就順口問他養馬難不難，要多少錢。他不屑地說養馬賺不到錢。不過轉頭他又告訴我，他養驢也沒賺到錢。有一次我們在一個社區裡看見一戶人家在陽臺上養鴿子，他說他也養過，還告訴我賽鴿要幾千塊一隻，血統好的甚至要幾萬。後來我發現，他對養殖業懷有很大的興趣，要不就是始終對之前的投資失敗耿耿於懷，期待著有天可以捲土重來。

和飛哥結伴幹活兒的日子很輕鬆，但賺不到什麼錢。因為他在網站裡屬於混日子、不求上進的那類人。四月份北京的香椿開始冒芽了，他就帶著我到處摘香椿。奇怪的是，在梨園很多社區裡都栽了香椿樹，但香椿芽在菜場裡仍然賣十幾塊一斤。飛哥很擅長和人打交道，有次我們看到一對老夫妻用綁了長杆的鐮刀鉤香椿芽，他就走上去和人家攀談，老夫妻很熱情，聊了幾句之後，飛哥就厚著臉皮跟人討要，人家很高興地給他了。不過像這樣要，遠遠滿足不了他的胃口，所以當遇到他認為合適的樹時，他也會親自爬上去摘。

飛哥雖然已在S公司幹了半年，但和我一樣，還是個小時工，所以他可以不收件只派件。他的小組裡另外四人都是正式工，其中兩人甚至比他入職更晚。但是飛哥好像不想轉正，他說幹小時工更自由，而且剛過去的那個春節，因為願意留在北京加班的快遞員不足，公司就把小時工的派件費提高到三元一件，以此吸引小時工留下。在那個春節裡，飛哥掙到的錢比正式工還多，他好像很滿意，更堅定了不轉正的念頭。後來有一天，他甚至帶我翹班去逛了一個在喬莊的花鳥魚蟲市場。那天剛下了一陣雨，天氣有點兒涼，我們的目的地像一片泥灘，地面全是泥漿和積水，不遠處矗立著幾座高壓電線塔。所謂的花鳥魚蟲市場，其實就是幾排分散的平房商鋪，還有一邊露天的攤位。可能因為不是休息日，那裡顯得冷冷清清。

飛哥對那裡很熟悉，先帶我逛了一些賣盆栽的攤位。他似乎想買些花苗，但和老闆砍價沒有成功。然後他又帶我去看賣貓狗的攤子，因為他覺得我會喜歡看貓狗，而不是看植物，他不好意思帶著我光辦自己的事。之後他找到一家賣寵物龜的店，又跟老闆砍起了價來。老闆是一個五十歲左右的中年人，把裝著龜的紙箱子擺在店門外，對我們不是很熱情。飛哥家裡其實已經有一隻成年的鱷龜，他這次來，是想給它找個伴兒。這是他事後告訴我的，當時我並不知情。他突然伸出手，揪住箱裡一隻起碼八九斤重的大龜的尾巴，把它倒提了起來，然後教我看龜的肛門來辨別公母。那只龜看樣子很凶，皮膚和外殼佈滿了扎手的棱角，嘴巴像鷹喙一樣尖銳而無情，但其實它很溫馴，完全沒有反抗。老闆站在旁邊看著我們，也沒做出任何干預—既沒有趁機向我們推銷，也沒有像我擔心的那樣大喊一聲：「不買別碰！」

當時我還不知道飛哥會買下它，而且我對鱷龜一無所知，不知道有真鱷龜和擬鱷龜之分。如今回憶飛哥提著龜尾巴的情景，可以肯定那是只尾巴更粗壯的擬鱷龜。飛哥擺出並不太想買，只是隨口問問的姿態，連我都被他騙了。那只龜大概不容易賣出，老闆最後面有難色地讓步了。買好龜之後，飛哥提著紙箱子，我跟著他，又折回到剛才賣盆栽的攤子。雖然我們已經離開了一回，但老闆還是堅持原來的價格，於是飛哥沒買就走了。

在我把飛哥的地盤都摸熟了以後，他好像變得比原來更懶了，每天到中午就說要回家，讓我下午開他的車去派件。

其實我倆坐一輛三輪幹活兒，效率比一個人高不了多少，所以他索性少掙錢多休息，反正他原本也不勤奮。現在回想起來，他為人其實不錯，雖然老愛咋咋呼呼，令人覺得不真誠，但其實沒有壞心眼。事實上他從沒讓我吃過虧，也沒提出過什麼占我便宜的要求。他喜歡養動植物，不完全是出於投資，而是真的喜歡。有次我們在一個老宿舍院子裡派件，他突然指著圍牆上一個看著像雞塒的洞對我說：「這裡住了一窩流浪貓。」然後他停下三輪，下車學起了貓叫，想把貓引出來。可惜後來我換了小組，和他碰面的機會少了。再後來我換了公司，慢慢地在微信上也不再說話。但他的朋友圈還在三天兩頭地轉發著S公司的業務廣告，說明他至今還在S公司混著日子。

又過了將近半個月，我終於領到了自己的快遞三輪，車是我從順義開回來的，這一路跑了三十多公里。為了領車，我去到一個叫作天龍汽配城的地方，那是在六環邊上，馬路上車很多，卻看不到行人。汽配城其實已經倒閉了，不過公交站還叫這名字。S公司在那裡租了一片露天的空地，用來存放廢舊的快遞車輛。我放眼望去，只見密密麻麻的一排排車，起碼有好幾百輛。其中既有三輪的，也有兩輪的，大多已爛得不成樣子。

三個年輕人接待了我，他們是修車師傅，其中兩個像是未成年人，另外一個也很年輕，三人都穿著背心短褲，身上還有點兒髒。其中一個人指著旁邊的幾輛車對我說：「這些都是修好的，你去挑一輛吧。」我失望地看到，他們讓我挑的那些車，情況都很糟糕，各有各的毛病：車門大多關不嚴，從車廂裡往上看，車頂有小洞射進光來，下雨時肯定要漏水。所有車都很髒，感覺像是從沒被清潔過，車身上的破損殘缺更是觸目驚心。其中有一輛車，甚至兩隻後輪的輪徑都不一樣，導致車身是傾斜的。這些車能動起來，本身就已經是奇跡，我不由得對三位小師傅刮目相看。飛哥入職的時候領到的是新車，雖說已被他開了半年，那仍然比眼前這些車好太多。我開慣了飛哥的車，如今要我開這些破爛，心裡自然感到失望。不過話說回來，我也支持物盡其用，只怪之前自己預期太高，此時難免有心理落差。

我勉強挑了一輛，感覺就像在一包掉到地上的餅乾裡挑出一片沒弄髒的。然後小師傅幫我裝好電瓶，再安好車鎖，把鑰匙交給了我。這時我才發現，我的三輪配的不是鋰電瓶，而是鉛酸電瓶。鉛酸電瓶笨重，兩塊鉛酸電瓶超過六十斤，我住在六樓，並且沒有電梯，從此我每晚要把電瓶提上樓充電，早上再提下來。

下午我把車開回網站，立即被派到土橋支援。在欣橋家園社區裡，我一次正常倒車後，三輪突然不動了。於是我把車推到華遠好天地對面的一家路邊修車店，因為車廂裡裝滿了快件，路上還有個斜坡，我推出了一身汗。修車店是一個侏儒開的，他既是老闆，也是個自信的技師。他不容置疑地告訴我：「控制器壞了，要更換一個。」於是這輛車還沒幫我掙到一分錢，我就先為它掏了一百五十塊。回頭碰到了同事，他們都對我說：「你被騙了，可能就是線路接觸不良。」事實上侏儒告訴我控制器壞了的時候，我也是這麼想的：假如他發現只是接觸不良，他會幫我接好線路，然後收我十塊，還是告訴我控制器壞了，然後收我一百五十塊呢？但是既然我已經換了控制器，我決定還是相信他，畢竟他也可能是誠實的。那天晚上，當我初次把三輪停到住處樓下時，我終於有了安心的感覺：這份工作穩固了。

04：入組

領到三輪後不久，我正式加入了一個小組，小組的工作區域在土橋地鐵站以南的頤瑞東里一帶，我負責其中的高樓金、新城樂居兩個社區，還有旁邊的環球影視城工地。這個封閉工地的面積非常大，我從網上查到有四平方公里，全部被圍牆圍了起來，設有二十多個出入大門，我只負責群芳南街南側、新城樂居對面的三號大門。

三號大門的快件不多，平均下來每天就十幾個，但很不容易送出。因為我不能進入工地，只能在門外等候，這裡又沒有快遞櫃，門衛也不代收，工地裡分許多標段，不同標段有不同的施工單位，門衛和他們不屬一個系統。很多收件人沒有車，走路出來取件要二十多分鐘，而且他們經常拖拖拉拉——起碼在我看來他們相當拖拉。也有的人確實在忙，沒法撂下手裡的活兒。比如有個開塔吊的，經常在網上購物，我給他打電話時，他就抱歉地說，他正在高空作業，現在出不去，快件明天再送來吧。可是明天他還是在高空作業，於是又改為後天。像這樣的快件得去幾次才能送出。儘管如此，也沒有澆滅他的購物熱情。到了夏天，我把三輪停在三號大門外，片刻鐵皮就曬得燙手了，等打完十幾個電話，我往往已經汗流浹背。我一般每天去兩趟，經常得等大半個小時。有的人遲遲不出來，我就反復打電話催。他們說快了快了，其實只是緩兵之計，並不是真的快了。有時我都走了一個多小時，他們才回我電話：「我已經出來了呀，怎麼沒看見你？」

高樓金是我每天的第一站，早上我從網站出發，到高樓金大約要花二十分鐘。這是個回遷安置社區，住戶裡有一半是回遷的本地農民。進了社區大門後，右前方有一塊五米寬、三米高的大螢幕，每天早上我開著三輪進去時，螢幕上正好在播放早間新聞，這大概是繼承了從前農村放露天電影的習俗。碰到村裡有人去世時，家屬會在社區外搭一個臨時的靈堂供親友弔唁。靈堂是彩色的，而不是像我認為的那樣是黑白的；用可拆裝鐵架支撐，覆上防水帆布，整體有三四十米長，三米左右高，四米左右寬，出入的一邊還有簷柱牌樓——當然也都是可拆裝式的。第一次看見這種靈堂時，我還以為是哪個家電品牌在做促銷活動。

高樓金總共有十六棟樓，其中1號樓到7號樓住的是回遷村民，8號樓到16號樓是外來的租客。回遷樓的快件都很好送，他們是本地人，白天有老人在家，即便碰到外出買菜，快件也可以放在門邊或水電井里。因為村民們彼此熟識，鄰里間會互相關照，連貼小廣告的都不敢上去，怕被樓裡的老人逮住。相對地，租客住的幾棟樓就魚龍混雜，他們大多是北漂的年輕人，有的還是合租戶，白天都去上班後，屋裡就沒有人了。住戶之間彼此不認識，樓裡進出的陌生人也多，快件很容易丟失。我剛到高樓金的時候，同組的一個同事就讓我送8號樓到16號樓，他自己送1號樓到7號樓。於是我每天送半個高樓金、一個新城樂居，加影視城工地，三個分開的地方來回跑，經常疲於奔命、氣急敗壞。

漸漸地，我在工作中陷入一種負面情緒裡。我發現社區有的好送有的不好送，誰送了好送的別人就得送不好送的，同事之間就像零和博弈——要不就你好，要不就我好，但不能大家都好。剛來的時候，誰都是從最爛的社區送起，有的人因此走了，有的人沒走。沒走的人可能會換到好一點兒的社區，最後得到好送的社區的人會長久留下來，剩下不好送的社區就讓新人去送。新人剛來時一般都不會太計較，但逐漸地就會察覺到其中的不公平。這種心態的轉變一般只需要一兩個月，甚至更短。假如遲遲沒有改變的機會，新人就會離開。於是小組裡總有一半的人雷打不動，另一半的人卻換個不停。

我不想和搭檔鬧翻，不想難看地和他爭執、討價還價。但我也不喜歡和占我便宜的人共事。假如我每天下班比別人晚、掙錢比別人少，我就會煩躁和不滿，然後變得不太在乎這份工作了。就像深海裡的魚都是瞎子、沙漠裡的動物都很耐渴一樣，我是一個怎樣的人，很大程度上是由我所處的環境，而不是由我的所謂本性決定的。其實在當時我就已經察覺到，工作中的處境正在一點點地改變我，令我變得更急躁、易怒，更沒有責任心，總之做不到原本我對自己的要求，而且也不想做到了。這些改變有時會讓我覺得痛快，我痛快的時候就不太能感覺到煩躁和不滿。比如有次我罵了一個不認識的婦女——我很少罵人，因此印象特別深刻。

平常我們在社區裡送貨，一般離開三輪時都不會拔下鑰匙，因為每天上百次地插拔鑰匙很浪費時間，也沒有實際意義，社區裡沒人會偷快遞車。有天我搬一箱快件上樓，才剛走到二樓，無意中朝樓道的視窗外瞟了一眼，正看見一個五六十歲的婦女，把她三歲多的娃娃抱到我的駕駛座上玩耍。娃娃的雙手扶在了車把上，模仿在開車的樣子。可我知道他只要輕輕一擰，車就真的會往前沖出去——我嚇得趕緊撂下快件往樓下跑。當時我組裡的一個同事，因為上樓時忘把手剎，三輪車被大風刮跑了，蹭到了旁邊的一輛小轎車，最後賠了一千六百塊。我不敢想像一個小娃娃啟動了我的三輪會造成什麼破壞和傷害——他可能會撞到停在前面的轎車，那是我賠不起的，也可能會剮到行人，或更糟糕，他自己從車座上摔下來，被車輪碾過……想到這裡我幾乎要眼前一黑了。我很生氣地罵了那個婦女，她只訕訕地看著我，我還記得我說她：「小孩子不懂事，難道大人也不懂事嗎?!」——這其實是我在葛優主演的一部電影裡聽來的臺詞。

說到賠錢，對快遞員來說，賠錢是家常便飯。大多數時候是由於丟件，但也有別的情況。當時高樓金有個韻達小哥，在社區裡三輪開得太快，避讓一個孕婦時，車子側翻摔倒，前擋風罩脫落碎裂。孕婦雖然沒被撞到，但受了驚嚇。他修車加賠償人家花了近兩千塊，當即就決定辭職不幹了。我還記得事後他瞪大眼和我說「我已經不幹了」時心有餘悸的表情，他受到的驚嚇可能不比那個孕婦小。我聽說過的金額最大也最離奇的賠償，發生在臨河里路的方恆東景社區。一個快遞員在把快件塞進消防栓時，水管或接頭被他弄壞了，水噴出來灌進電梯井裡，導致電機損壞，最後賠了三萬塊錢。

我在S公司的半年裡運氣還算好，既沒有丟過件，也沒有賠過錢。只有一次，我在高樓金送一箱常溫水果快件，敲門的時候，屋裡有一個女聲，讓我把快件放在門外。這種情況是常見的，有些人屋裡養了寵物，開門前要把寵物抱開。還有一些是單身的女住戶，出於安全的考慮，不敢給陌生人開門，她們會等我走了之後再開門取快件。這我當然能理解，雖然我不太相信在高樓金，會有壞人敢在光天化日之下，以這種方式作案。我放下快件就走了，不料過了一會兒，這個女人打來電話，說要拒收這個快件。我告訴她，當她讓我把快件放在門口時，就意味著她已經簽收了，我在系統裡做了回饋，這個操作是不可逆的——已經簽收過的快件不可以再拒收。她說怎麼可能這麼不人性化，才過了兩分鐘，怎麼就不能改呢。我說：「別說過了兩分鐘，就是一秒鐘也不能改，你要拒收就得當即驗貨，你讓我把快件留下，我怎麼知道你有沒有拆開調包？」而且，後面這句我沒說出來：那根本就不是兩分鐘，都已經過去二十分鐘了。

聽到我這麼說，她開始耍賴了，說她還沒有親自檢查過快件，我怎麼能代替她簽收等等。當時我很生氣，覺得這個女人素質太低，蠻不講理，出爾反爾。因為這個緣故，我心裡突然極其鄙視她，不屑跟這種水準的人爭辯。於是我自己掏了幾十塊錢——具體數目我已忘了，但那箱水果有五斤以上——幫她把快件寄回給寄件者。我回去取水果的時候，她還是把箱子放在門外，不過看得出來，箱子是打開過再封上的。從頭到尾我都沒見到她，卻被她訛了幾十塊錢，而她還覺得門外都是壞人，要想方設法保護自己。對於這種人，我不知道該說些什麼了。

還有一次，我讓一個六七十歲的老人在路邊等了將近三個小時。事後我震驚地發現，自己心裡甚至沒有絲毫內疚。

很多人出於各種原因，不喜歡在快遞單上留下完整的地址，這給我的工作增添了麻煩。有次我送一個高樓金的快件，位址裡沒寫樓號和門號。我在路上提前五分鐘打去電話，收件人說他並不住在高樓金，只是每天要到高樓金菜場買菜。

他又說自己馬上出門，半小時內能趕到，讓我在路邊等他。但我滿滿一車的快件，這會兒一個都還沒送出去，所以別說半小時，五分鐘我都不能等。我讓他到了再給我打電話。然後我就進社區了，轉頭就忘了這茬。

那個收件人一直沒給我打電話，直到我把早上的快件都送完，出來準備接次班貨的時候，一個老人在高樓金菜市場外的路邊叫住我。我看見他滿頭白髮，戴一副眼鏡，起碼有七十歲了。他問我：「小夥子，你是S公司的嗎？」我連忙說是。這時我已經猜到他是誰了。我趕緊從車裡把快件找出來交給他。他接過之後有點兒生氣地說：「我在這兒等你一上午了，你早上怎麼不等我呢？」我吃了一驚，他竟然等了我近三個小時。我問他：「你怎麼不給我打電話？」他說：「你的電話打不通啊。」確實，我的電話不容易打通，因為在高樓金的所有電梯裡，以及在大部分樓道裡，我的聯通卡都沒有信號。早上我給他打電話時，因為正在馬路上開著三輪，繁亂的交通和焦急的心情可能導致我的語氣不大友好。加上我向來反感地址不寫全的人——我覺得他們既然那麼重視隱私，就不該使用快遞服務。不過，我並不知道這個收件人年紀這麼大。我跟他解釋，我每天要送很多快件，必須馬不停蹄地奔走，確實不能停下來等。也不知道他聽清楚我的話沒有，他接著批評我：「你這樣幹活兒真不像話，顧客就是上帝，難道你不懂嗎？」我愣了一下，本能地為自己辯解道：「可是上帝應該只有一個，我每天卻要伺候很多個啊。」他聽到後笑了，原來他並沒有生氣，只是假裝生氣逗我玩而已。老人家也挺幽默的，只見他搖搖手裡的快遞盒，壓低聲音對我說：「我愛人不讓我買，所以才不讓你送到家裡去。」

在S公司還會經常碰到電視購物的快件：有些客戶訂購了衣服，收貨時要先試穿，試完又拒收，這種情況我們一分錢提成都沒有，白白在門外等半天，完後還要把產品疊好、打包好。我還送過一隻電熱茶壺，客戶拆開來看後拒收了，十幾個小配件我要一一嵌回到結構精巧的緩震材料裡，我研究了半個小時才把它裝好。因為這些緣故，我們都對電視購物深惡痛絕。

有次我在高樓金送一個電視購物的快件，收件人是個老阿姨，對我很親切。她買的是一個學英語的機器人，是送給孫子的禮物。她想打開來試一下，但不懂操作，於是我邊看說明書邊教她用，雖然這不是我的分內事。我發現那個機器人從包裝、說明書到產品本身都很粗糙，感覺像華強北的山寨產品，頂多能賣三四百塊錢，但這票訂單的應付金額卻是兩千多。老阿姨對機器人也不太滿意，但她主要是覺得機器人太小，和電視裡看到的不一樣。雖然我認為這產品不值它的價格，但我只是個送貨的，所以我告訴她：「這些科技產品並不是體積越大就越好，有時候小巧的反而更貴。」老阿姨顯然還在猶豫，她讓我先等等，然後拿出手機，撥通了銷售客服的電話。對方沒有接聽，不過在她掛斷之後，有人立刻撥了回來。我站在老阿姨的身邊，看見她的手機螢幕上，撥入的電話號碼被自動標注了「推銷詐騙」。然後，我聽見一個客服的聲音，在電話裡一味地哄她付錢，說使用後假如有問題，可以再打來電話諮詢，不滿意的話還可以退貨。

掛了電話之後，她顯然沒有感到釋然，但看到我滿頭大汗的樣子，或許覺得過意不去，就對我說：「那我先給你拿錢吧，有問題我再找客服。」突然間我覺得很難過，我也說不清為什麼。她的經濟條件顯然比我好，但這不完全是錢的問題，雖說錢的問題我一般也很在乎。我鼓起勇氣對她說：「你付了錢之後，客服就不會對你那麼耐心了。」老阿姨吃驚地看著我，大概在琢磨我的用意。我接著解釋：「我覺得這機器人不值兩千多。」老阿姨說：「我也覺得不值，但我不想讓你白跑一趟。」我說：「沒關係的，我只負責送貨，你買了這錢也不是我掙的。」

假如她買下的話，我會有千分之二的提成，但我不想很多年後還為這件事耿耿於懷。

對於物流快遞來說，一般到入秋換季前都是淡季。按照Z主管的說法，淡季我們要練好兵，旺季才能打勝仗。他是個退伍軍人，所謂的練兵其實就是聽他訓話。他好像很喜歡訓話（但不喜歡一對一的交談），儘管他的口齒有點兒含糊，我站在佇列後面經常聽不清他說了什麼。

每天早上我們卸好貨後，雖然心裡都急著裝車去送貨，但在出發前還是得先聽Z主管訓話。他訓話的時候，表情很威嚴，語氣很嚴肅，但是他說的內容不多，每天只是在重複又重複，比如以下這些——「所有我說的你們都要做到！」「你們想幹就好好幹，不想幹就快滾蛋！」「S公司缺誰都行，你離開S公司寸步難行！」「不是你有多了不起，是S公司平臺給你機會！」「你們自己去拉過客嗎？都是平臺給你們派單而已！」「別以為沒你不行，換誰來幹都一樣！」——以及諸如此類含義相近的話。總之，他是要我們明白，因為公司非常成功，所以功勞歸於公司，我們只是零部件，隨時可以被替換掉。很明顯，他把他在部隊的那套話術搬了過來，只不過把效忠的對象換成了S公司而已。

不過光是開早會，還不能滿足他強烈的進取心，所以我們每週還要開兩到三次晚會。晚會是等所有快遞員都忙完，攬收回來的快件全部打好包、裝好車運走之後，再搞完網站的衛生，然後才開始，而這時往往都過九點半了。晚會的時間要比早會長得多，一般等晚會開完，已經是十一點之後了。

開始的兩個月，我每次都去參加晚會。雖然我覺得這實在沒意義，占用我的休息時間不說，聽訓話又沒報酬可拿。我們小時工是計件提成的，沒有任何補貼和福利，網站沒道理強迫我們開這種會。但是Z主管顯然不這麼想，他每次都在微信群裡反復提醒，害得我不敢不去。我發現晚會的內容就是抓紀律，把犯了錯的人拉出來當眾羞辱。

我記得有一次開晚會，我因為下班早，先回家吃了個飯，待我趕回網站時，發現晚會已經開始了。我看見Z主管正對著大家破口大罵，他把幾個同事揪出來罰做俯臥撐。

其中一個同事受不了這種管理方式，跟他吵了起來，幾乎就要動手。我知道這個同事不久前剛丟了個快件，賠了三千塊錢，所以心情不好。我本身就遲到了，看見裡面這種情形，更加不敢進去，幸好裡面的人還沒有發現我。不過我的三輪只要一倒車就會自己喊「倒車，請注意」，連關都關不掉。為了不暴露行跡，我躡手躡腳地把車倒著推出了網站的院子。回到家後我還心有餘悸。

那個和Z主管起衝突的同事第二天就被調走了，據說去了鄰近的網站，後來我再也沒見過他。那次之後我就不去參加晚會了，但幸運地從沒被發現。我想我可以被解雇，但不能被羞辱。不過在客觀上，通過這種方式，S公司確實淘汰掉了部分服從性差、自由散漫的人。這些人都是自己走的，S公司不用補償一分錢。留下的人則大多比較馴順，性情和善，或最起碼能屈能伸。

05：病休和借調

我很早就聽說S公司的口碑好，是「快遞界的海底撈」，Z主管開會時就經常要求我們，派件時要向客戶提出幫忙把垃圾帶走。像這樣的要求，我發現自己做不到，我從沒問人要過垃圾。假如是客戶主動請我幫忙，我倒是很樂意效勞，不過這樣的客戶我只遇見過一次。Z主管還要求我們，每次送出快件後，要請客戶幫我們打個五星好評。站點還做了統計表貼在牆上，每天更新我們得到的好評數，排名靠後的會在開會時被揪出來。

當時這真的把我整得好苦，我每天都過得很焦慮。一方面我很怕自己會排在後面，另一方面我對著客戶又開不了口。於是每天下了班之後，我就在手機裡編輯短信，給當天服務過的客戶發短信，請他們給我打個好評。我專挑那些對我特別客氣和熱情的客戶，同時把老年人排除在外，因為老年人就是想幫我，也不懂怎麼在手機裡操作。我每天發二三十條短信；對我來說，文字表達要比面對面口頭表達容易得多。

經常有客戶當面誇我，連帶著誇起「S公司的服務就是好，和那些什麼通不一樣」。這每每讓我感到尷尬，因為我向來是挺羨慕「那些什麼通」的——他們送快遞就是送快遞，不用早晚開什麼會，更沒有丟垃圾、打好評之類的事情，也不會動不動就被投訴。

到了七月份，北京的溫度動輒就超過三五℃，當時我的住處沒有空調，我經常半夜被熱醒，渾身被汗浸濕。大概因為休息得不好，加上上班時因為不方便如廁，我就很少喝水，在這些林林總總的原因下，我得了感冒，而且拖了很久都好不了。六七月份本是物流淡季，組裡的兩個老員工因此請了長假，各回了趟老家，這導致我連續兩個月無法正常排休。

開始的時候，我並不太重視。往年我也會得感冒，自己吃些布洛芬就好了，可是這次拖了半個月都不好。我每天出門前吃一片布洛芬，就這麼扛著，直到有天中午，我在酷暑下差點兒暈過去，腦袋感覺像要炸裂一般，雙耳聽到莫名的嗡嗡響。晚上回到家後我量了體溫，發現已經燒到三九．七℃，我立刻在微信群裡請了假。第二天一早，我去了潞河醫院看發熱門診。

可能因為出門前吃了布洛芬，在醫院量出的體溫是三八．八℃。醫生問我感冒多久了，我說半個多月。她又問我在家裡量過體溫沒有，我說量過。她問最高時到多少度，我說昨晚是三九．七℃。她輕輕地說了聲「我靠」，然後列印了張單子，讓我先去照個 CT。

診斷結果是病毒性肺炎，醫生讓我先輸一周液，然後再回來複查。不過我在 S 公司是小時工，公司沒幫我買醫保，在潞河醫院輸液每天要花五十塊錢掛號。我覺得這不划算，因為我來輸液時，並不需要醫生診治，為什麼還要每次掛號呢？於是我問醫生，這個病會不會自己好。她冷冷地瞟了我一眼，意思大概是：看你樣子也不小了，怎麼還這樣愚昧。然後她告訴我不行。「不過，」她又心軟地補充道，「你可以拿處方到小診所去輸液。」是啊，我只是輸個液而已，到哪裡都一樣，何必擠兌三甲醫院的資源呢。於是我騎了一輛共享單車，在高德地圖裡找到了一家在群芳中一街上，離我住處很近的社區醫院——沒人能夠小覷我在省錢這件事上的決心，哪怕是在我病了的時候。一進社區醫院的大門，我就注意到了旁邊的輸液室，只見玻璃牆裡邊已經坐了一排老人在輸液。看來我找對了地方，輸液是這裡的主打業務。

但是醫生在看了我的處方後卻說：「這個是消炎藥啊，我們輸不了。」我覺得有點兒奇怪，他怎麼把生意往門外推呢？但我不想探究這種問題。我出來又掃了一輛共用單車，很幸運地在不遠的群芳中二街上找到了另一家小診所，之前我根本不知道這裡還有家診所。

不過這個小診所似乎生意不好，裡面只有一個醫生，沒有護士和病人。大概醫生就是老闆，正獨自在看店。她看了我的處方後，也顯得很猶豫。她問我是肺炎嗎，我說是。她沉吟了一會兒，說了些我沒聽清的話。我沒有追問她到底想說什麼，當時我的身體很虛弱，不想和她探討問題，只想聽到行或不行的答案。最後她勉強同意了。只是，這時輪到我嘀咕了。連續兩家診所的態度引起了我的警惕。他們為什麼要猶豫呢？我想，會不會是我打的消炎藥有風險，萬一出了問題，他們沒有條件搶救？想到這點，我的疑心變得更重了。這時我留意到，這家診所也太袖珍了，佈局不像個醫院，倒像個按摩理療館，牆上還貼著人體穴位圖，而我完全不信這個，我相信西醫西藥。遲疑片刻後，我找了個藉口，又回到了潞河醫院。

這次生病我休息了一個星期，每天早上去潞河醫院輸液，下午在家睡覺。到了第八天，我覺得自己已經痊癒了，也沒按醫生的要求回去複查。我怕她要我再照一遍CT，我已經照過一次，要三百多塊錢。後來我算了下賬，連誤工在內，一場病使我損失了三千多塊錢，相當於半個月的工資。

我生病的時候，網站從其他小組抽調了人來支援我們組，這種情況偶爾會發生。我也去支援過別的組。有一次，前面提過的那個兩人小組又出了問題。他們小組很容易出問題，因為組裡總共就兩個人，連轉圜的餘地都沒有。之前因為不願做俯臥撐而被調走的那個小哥，其實就是他們組裡的，所以這時他們已經換了一個新小哥。有一天另一個老組員不知為啥請假回了老家，於是網站讓我過去幫幾天忙。我當然是服從分配，但是說心裡話，其實誰都不樂意去支援別的組，畢竟快遞員在熟悉的地方幹活兒效率才高。雖說那片地方我曾經去送過幾天，但始終還是生疏的。

他們的新組員叫小馬，現在我已記不得，當時我在小馬的組裡幫了幾天，我只記得最後一天晚上我倆鬧翻了。事情其實很簡單，因為我是小時工，我只負責派件，而他還要收件，負擔肯定比我重。但我只是來支援的，我不是這個小組的人，在我看來，我把我負責的半邊區域送完就可以下班了。可是，小馬大概還不熟悉自己的地盤，或者他本來就手腳慢，反正他每天都忙不過來。晚上當我送完自己的快件後，他總是還剩一堆快件沒送出去。開始的幾天我留下來幫他送了，雖然送出更多的快件就能掙到更多錢，但在自己不熟悉的社區，比如說玉橋南里北區，全是些六層的老房子，而且還是在晚上，靠著昏暗的路燈，我連牆上的樓號牌都看不清，那麼這活兒幹起來就很費勁，這錢也就不好掙了。小馬顯然這麼認為：既然我被調過去支援，那就是他的臨時搭檔了，應該和他一樣，對他的小組負責，而不是僅僅完成個人的任務就算。而我這時已經是滿腹牢騷，不像剛來時那麼兢兢業業了。我在S公司遭遇了太多倒楣事：辦入職耽誤了大半個月時間，最初沒三輪令我幹活兒既累又掙不到錢，加入小組晚又導致分到難送的地盤，小時工沒給買醫保害我看病多花了很多錢……這些不如意的經歷已經損害了我的好心腸，使我沒法再認同小馬的看法。我認為只有他要對自己的小組負責，而我只是來幫忙的，並不屬於他的小組。何況我已經幫了他幾次，我不能沒完沒了地幫下去。我也想早點兒下班回家——其實都不能算早了——不想和他披星戴月地並肩作戰。

最後的那天晚上，在幫他送掉積壓的快件後，我終於忍無可忍了。我告訴他明天我不來幫忙了，我才不管網站的人說什麼，我已經受夠了。當晚我就回網站請了假，因為在他那個小組裡，不請假就永遠不會有休息。而我在過去支援之前，在自己小組裡已經接近一個月沒休息過。所以我對Z主管說，我有必須要處理的私事。

因為我請假了，網站只好調了另一個人去支援。這個人是新來的，叫作小閆，是山西人。因為新人比較好說話，老員工一般叫不動。小閆這時剛好跟著飛哥幹活兒，飛哥老是和他提到我，所以他見了我就叫師兄，其實我和他一天都沒合作過。結果小閆去支援的第一天就出了問題。他因為才剛來不久，業務不熟練，去到陌生的地方難免心裡惶惶。偏偏小馬因為自顧不暇，早上連帶也沒帶他一下，導致他連自己負責的社區入口都找不到，一個上午就送出去十幾個快件。我去幫忙的時候不用小馬帶，是因為我早就在他的組裡幹過幾天，還留有些印象。而且我曾經有段時期在各個小組流浪，對於在陌生地方幹活兒，我已經積累了一些經驗，起碼心裡不會慌。而小閆甚至連高德地圖都不會用，只知道在馬路上轉悠，用雙眼去尋找目標，那當然是找不到了，北京可不是大草原。到了那天下午，先是小馬給我打來電話，告訴我小閆不行，想讓我過去幫忙。我說沒空。後來網站也給我打電話，問我有沒有空。我說我不在北京。這時候的我已經是鐵石心腸，誰給我打電話都沒用。

後來他們是怎麼解決問題的，我沒有去打聽，大概又找了別的人去幫忙，反正我一點兒都不關心。我休息完就逕自回到自己小組，沒跟任何人交代，也沒人敢來找我麻煩。看來人都是欺軟怕硬啊。小閆沒過多久就辭職了，大概是適應不了這份工作。他身體不好，據說有天咯血了。而且他個子矮小，只有一米五幾，大點的快件放在車頂上他都很難搬下來。後來他回了山西，到太原找了份物管工作，工資只有一千多。我和他在微信上還聯繫過，他問我有沒有工作可以介紹給他，他還想回來北京。可是他不能幹快遞，我也就幫不了他了。

06 旺季和跳槽

然後就到九月份了，S公司開始為即將到來的旺季做準備。首先是在網站裡開了個動員會，大家圍坐著吃了西瓜喝了汽水。L經理親自跑來主持，給我們加油鼓勁。他讓二〇一八年春節之前和之後入職的人分兩邊站開，這時我發現，約有三分之二的人和我站在同一邊。也就是說，其實站點裡大多數人都只幹了幾個月。這時有老員工私下和我開玩笑說，淡季時是領導拿著鞭子指揮我們幹活兒，可是到了旺季，他們就得跪著求我們送貨了。到了那個時候，哪怕我們出了投訴，他們也會幫忙擺平。

又過了半個月，我們梨園附近三個網站的快遞員一起在通馬路的「哈爾濱獨一處農家菜」聚了次餐。那頓飯非常豐盛，是我到北京後吃得最好的一頓。我一直生活在南方，此前不知道東北菜也那麼好吃。在又厚又濃的芡汁包裹下，那些高油高糖的菜肴閃著金光，充分地灌溉了我枯竭已久的食欲。我平常對吃不太講究，所以很少人能猜到，一頓免費的大餐對我有多麼大的吸引力。我放開肚皮吃，很快就吃不動了，但服務員還在不斷地上菜，啤酒和二鍋頭也是無限供應。我簡直心疼得說不出話來，就像在狀態不好時吃了頓昂貴的自助餐。可惜我們開飯時已經是晚上十點多，第二天早上七點還要上班，沒法多坐一會兒，等緩過勁兒來再繼續吃。這頓飯是我在S公司的半年裡感覺最滿意的一件事了。

在這時候還發生過一件趣事。有天我正在高樓金派件，飛哥突然打來電話，說要過來看看我。我覺得很奇怪，他的工作區域在葛布店南里，而我在頤瑞東里，彼此相隔幾公里，他來看我做什麼呢？不過他向來遊手好閒，我想可能他這天不想幹活兒，所以來找我聊天吧。他來到之後，也沒說有什麼事，只是跟我閒聊，看我派件。我問他：「你想調來我們組嗎？」他連忙說沒有，只是來看看我而已。趁我上樓的時候，他給我買了汽水，儼然還是一副帶頭大哥的派頭。

他待了一個多小時後走了，留下莫名其妙的我。

後來我才聽說，他因為上班摸魚摸得太過分，被當作典型處理了。畢竟我們幹了多少活兒，網站裡每天有人盯著實時資料，根本就沒有濫竽充數的餘地。哪怕他不想多掙錢，網站也不允許一個低效的員工占據了有限的資源和名額。如今旺季馬上要來臨，網站要對勞效低的快遞員採取措施了，領導責令他來看我幹活兒，因為在小時工裡，我的表現比較好。顯然這會讓他感覺丟臉，畢竟他也算是我的師父，可這就是領導的用意，要他知恥而後勇。

因為要備戰「雙11」，網站又獲得了新的正式工名額，不過在招新人之前，先要把部分小時工轉正。他們把所有小時工的月派件量排了序，前四名的強制轉正，我剛好是第四名。不過這時我已經不想轉正了。組裡和我搭檔的那個正式工已經辭職了，而我也有這個打算。畢竟我們分到的地盤不好，錢掙得太累。但是要換到一個好點兒的地方，又不知道要熬多久。其實我在之前得肺炎時，已經開始計畫離開S公司。不過我得先找到下一個東家。我手頭上有了一些選擇：一個圓通的快遞員跟我說，他那邊淡季六千多，晚上七點左右下班，讓我去試試。高樓金的菜鳥驛站也找過我，讓我送三棟樓，工作輕鬆，管兩頓飯，工資保底五千塊，不過晚上要裝車，十點半後才能下班。還有品駿的快遞員也招募過我，說他們那裡淡季六千塊左右，下班早，而且品駿和S公司一樣，是全國直營的，非加盟制，公司給買五險，從不拖欠工資。

原本我還在猶豫和觀望，恰好這時S公司強制我轉正，倒加速了我做決定。那因為轉正之後，我也還是待在高樓金，相當於接替了原來和我搭檔的正式工。那個正式工在離職前向我抱怨了很多，我很理解他的苦處，但並不同情他，因為我的處境和他一樣，甚至比他還不如。我當然不想成為下一個他。可是這個時候辭職，有點兒頂風作案的意思。Z主管經常對我們說，養兵千日，用在一朝。他所說的「一朝」，就是指「雙11」、「雙12」這些物流高峰。然而L經理的動員會我聽了，犒軍飯我也吃了，還吃得不少，現在開戰在即，我卻要當逃兵。不過Z主管這時也被撤換了，大概因為在他任職期間，網站的資料過於難看，上層對於由他帶兵攻克「雙11」已不抱信心。不久後他自己也跳槽去了京東，直到今天為止，他還隔三岔五地在朋友圈裡轉發著京東的廣告。

L經理臉有慍色地接待了我：「馬上就到掙錢的時候了，你怎麼反倒不幹了呢？」不難想像，這大概更印證了他當初的看法：我在S公司幹不長久。不過也難怪他不高興，這才剛通知我轉正，我立馬就不幹了。看見他不高興的樣子，我不禁又有點兒緊張，好像回到半年前我來應聘時的情景。只是當時他不想我來，如今又不願我走。不過我在S公司過得並不好，我試探地問，轉正後能換個社區嗎？實際上我知道答案，當然是不可以。來找領導申請調崗的人很多，要是都能滿足，那些難送的社區就沒人送了。不過我還挺虛偽的，我不想他以為我是因為這個才辭職，所以還編了些理由，說我父母老了，要多照顧他們，所以想換一份上班時間短點兒的工作。畢竟在S公司，早上六點多出門，晚上開會的話十一點多才下班，對人的占用率太高，而且毫無必要。實際上我父母不在北京，L經理大概也猜到我在胡說八道，但他沒有戳破。我總不能告訴他，我已經找到了新工作，因為那樣他肯定更不高興了。

辦理離職手續的那天，我又見到了那位壞臉色的女財務，她似乎比半年前更不高興了。大概因為我們這些人來了又走走了又來，好像海浪沖刷沙灘一樣折磨她，給她帶來無窮無盡的麻煩。不過我很高興，因為那是我最後一次見她。在離職之後，我收到了S公司人力資源組發來的關懷短信。當然這是系統自動發出的，每個離職的快遞員都會收到。短信裡向我表達了感謝和遺憾，並且詢問我是不是在別的同行公司得到了更好的機會。如果是的話，可以把情況向S公司回饋，公司會爭取給我相同或更好的待遇。我當然知道這只是話術，不過這條短信的措辭很得體——當時我應該保存下來——讓人感覺S公司是一個非常重視和關懷員工的企業。我有點兒好奇，不知道編輯這條短信的人，今天還在不在S公司任職，以及他撰寫這條短信時，自己相不相信。

07：履新

總的來說，我不是一個愛抱怨的人，甚至都不太愛說話，但偶爾我也會和同行抱怨一下自己的公司。和別的快遞員在社區裡碰面，比如一起等電梯、坐電梯的時候，我們抱怨各自任職的公司是自然而然和慣常的話題。並不是說我們心裡有多麼不滿，只是這些話能拉近我們的距離，贏得彼此的好感和信任，建立一種同仇敵愾的階級情誼。說白了那就是些場面話，和北京人見面互相問一句「吃了嗎」差不多。但就是在這些有一搭沒一搭的交流裡，有人聽到了我對S公司的不滿，並且為我介紹了新的工作。

一切都很順利，也可能是我要求不高。總之，二〇一八年九月，我從S公司跳槽到了品駿快遞。我選擇品駿是因為，在當時的所有快遞公司裡，只有完全採取直營制的S公司、D公司、京東、品駿、天貓配送（後更名為丹鳥）會給快遞員買五險。而在經歷了一次肺炎後，我覺得醫保還是有點兒用的；假如當初我在S公司有醫保，看病時能省好多錢。

此外，「四通一達」拖欠工資的情況令我有點兒忌憚，我不想去冒險。可能聽說過品駿快遞的人不多，其實和京東物流相似，它是唯品會自營的物流公司，主要負責唯品會訂單的配送和退貨攬收，同時也在拓展常規的快遞業務。品駿快遞的梨園網站在雲景南大街金橋時代家園的大門旁，這裡甚至比之前S公司的網站離我住處更近。

我在品駿的新站長姓M，是個體形偏胖，長得有點兒像彌勒佛，笑起來會眯眼的年輕人。他待我很熱情，有問必答，不問也主動和我說話。這跟當初我見到Z主管時的情形，簡直是天淵之別。我的入職表是M站長幫著一起填好的，雖然我沒有請求他這樣做。他幫我在「上一份工作」欄裡填上了務農，儘管我是城鎮戶口，根本無農可務。他叮囑我：「不能寫你在S公司幹過，否則他們會叫你開證明。」

入職手續是在馬駒橋鎮物流園里的品駿公司總部辦的，雖然那裡仍屬於通州，但從梨園過去有二十公里遠。在品駿的總部，我接受了一天的培訓，主要是介紹公司文化，講解工作中的規範守則。下午進行了一場走走形式的筆試，基本上所有人都過關了。我的入職手續就這樣辦好了。後來我一直在想，為什麼我在品駿入職一路暢通，而在S公司卻遭遇那麼多障礙？為什麼品駿的站長求賢若渴，而S公司卻對我卻愛理不理、百般刁難？這可能由很多因素造成，有些前面已經提到過。但是還有一個方面，不經過對比就很難體會到。S公司作為行業的領頭羊，其實享受了人力資源的紅利，它在勞資關係裡也極其強勢。無論它平時怎麼宣傳企業理想、社會責任，但它的基層管理者卻要面對現實，利用公司的強勢地位更好地達成績效考核。這就導致我在L經理和Z主管等人面前，很難得到平等的權利和尊重。而品駿快遞因為實力較弱，在勞動力市場上面對美團、餓了麼、S公司、京東等巨頭時，沒有什麼優勢條件足以打動我們。所以相比而言，資方的態度更謙卑，換言之我們勞方有了更大的話語權，工作氛圍也相對自由，收入還不比S公司低。我向來是一個自覺的人，不是一頭牲口，不喜歡在鞭子下幹活兒。所以顯而易見，品駿比S公司更適合我。當我告訴新同事，從前我在S公司經常晚上開會到十一點多時，他們都用同情的目光看著我。

品駿梨園網站總共只有八個人。M站長同時管理著三個網站，平常並不在我們這裡駐守，他的職位其實相當於S公司的L經理。而我們網站的日常管理者是一個站長助理，他和我們一樣，每天也要出去派件。我的這些新同事都很年輕，看樣子很好相處。因為在品駿下班較早，下午送完快件後，大家還會在網站裡坐一會兒，打打手機遊戲，或者聊會兒天。對於快遞員來說，互相抱怨一下公司、制度、環境和客戶是很有效的減壓方式，還有就是分享各自在工作中碰到的奇葩顧客和有趣經歷。這時候距離「雙11」還有一個多月，我正好利用這段時間來熟悉新的工作環境，學習新的工作方式。

雖說S公司的快件不如「四通一達」的集中，可是品駿的快件比S公司的還要分散。我發現在品駿，大多數小區每天只有十幾個快件，有的甚至只有幾個。所以我們的工作區域都很大，我接手的地盤包括了八個住宅社區、兩個商場、兩棟寫字樓和兩個創業園區——我假如想多掙點兒錢，還可以申請更多。因為這個緣故，在品駿幹活兒必須採用和在S公司不同的方式，一種更高效的方式。但我開始時沒有意識到這點，因為當時還沒有忙起來，我無論用什麼方式，都能輕鬆完成當天的任務。

我負責的一個社區叫作玉蘭灣，這是我每天花費時間最多、快件量最大的一個社區。不過雖說快件量最大，其實也就每天二十個左右。玉蘭灣總共有十二棟樓，是一個園林式的高檔社區，裡面佈置有小山、樹木、花叢、草坡、水道、小橋、亭子等，整體面積很大。對於這裡的居民來說，它的環境優美，鳥語花香，曲徑通幽。但對快遞員來說它不夠友好：裡面的步道太繞，幾乎沒有一條直路，有時候兩棟樓離得不遠，卻要繞個大彎才能到達。偏偏這個社區還禁止快遞車進入，我只能拉著板車走路進去派件，因此效率相當低下。比如，我遇到派件的時候收件人不在家，在電話裡讓我把快件放到社區門外的快遞櫃，可是沒等我把社區送完，收件人又打來電話：「師傅，我的快件您放哪兒了呢，我怎麼沒收到取件碼？」我回答說：「社區還沒送完呢，您耐心等一下吧。」「既然您還在社區裡，那還是給我送上來吧，我已經回到家啦。」一般這時我都快走到社區門口了，專門為一個客戶再進去一趟要浪費很多時間，我心裡並不樂意，卻不懂怎麼拒絕。

就這樣大約過了一周，助理憂心忡忡地找到我談話：「『雙11』馬上要來了，然後是『雙12』，每天的貨量起碼要比現在翻一倍。你現在都這麼吃力，到時該怎麼辦啊？」老實說，假如不是他找我，我都沒發現自己出了問題，因為我並不覺得吃力。我在S公司已經習慣了晚上七八點下班，到品駿後每天六點前就完工，自己感覺還有點兒心虛。但是他的擔憂也不無道理，假如貨量翻一倍的話，我確實送不過來。另外我也想知道，其他同事是怎麼高效完成工作的。於是我和他複盤了那天的工作過程，當聽到我在玉蘭灣的情況後，他立刻打斷我：「你不該回頭，假如他要求二次派送，你就第二天給他送。」我問：「可他先讓我放快遞櫃，而我還沒放進去，他肯定猜到我還在社區，我用什麼理由拒絕他？」「那你就告訴他，快件已經放進快遞櫃了，但短信會延時，要過一陣才能收到取件碼。」助理這樣教我之後，我馬上就領會了；相對于S公司要求的高質服務，這裡要求的是高效。而且我舉一反三，另外一些我沒提到的情況，我自己也作了反省，並且想到了改善方法。S公司的優質服務建立在高成本、高收費之上，光一個玉蘭灣，就有三個S公司快遞員，每人只負責四棟樓。而我每天要跑方圓幾公里的區域，我沒法做到隨叫隨到，尤其是不能走回頭路。不過品駿快遞的運費低廉，客戶應該能夠理解，雖然有時他們不願意理解，或者假裝理解不了。

不久之後，我和玉蘭灣的一個S公司小哥混熟了。他和我幾乎同時進入S公司，但不在一個網站。對於S公司快遞員來說，玉蘭灣不是個好地方，甚至比我之前的高樓金還寒磣。因為玉蘭灣面積大，又不讓三輪開進去。為了保證收件時效，他們安排了三個人，每人只負責四棟樓。人多雖然縮短了回應時間，但每個人的收入卻降低了。他告訴我，他的稅後工資只有五千塊不到，除非換一個社區，否則沒法再提高。不過在他們三個人裡，他的資歷最淺，即使將來有機會，也不是馬上輪到他，所以不知道多久才能熬出頭。有一天我和他聊天，他說起有個客戶讓他把快件放在家門邊，結果客戶回家後發現快件丟了。幸好他有通話錄音，可以證明是客戶要求他放的，而且他還拍了三張照片，可以證明自己的清白。為此他很得意，但在我看來這太愚蠢。我問他：「難道每次客戶讓你把快件放門外，你都拍三張照片嗎？」他說是的，每次都拍。我說：「你派一個件才一．六元，又要打電話，又要錄音，還要拍照片，費那麼多勁兒，你划得來嗎？」我這麼說並非針對他，而是針對我的前東家。我在S公司的時候，Z主管是這麼說的：「我們S公司要求，每一個快件都要客戶親自簽收，假如客戶讓你們把快件放到快遞櫃、小賣部、門廳、消防栓、水電錶井等地方，你們放了之後快件丟了，那麼你們就自己賠，公司不會負責。」然而有一次，一個附近楊莊網站的同事因為要求客戶當面簽收快件，客戶大概心情不好，或者覺得多此一舉，在那個同事的一再堅持下，客戶投訴他「服務態度惡劣」。這個投訴被受理了，楊莊對他的處罰是停工三天，每天去一個相鄰網站當眾朗讀自己的檢討。那天早上，當他在我們網站的早會上讀完檢討後，Z主管問我們：「大家覺得他冤枉嗎？」我們一起回答：「冤枉。」Z主管說：「我覺得不冤枉，客戶在『四通一達』發個快件只要十塊錢，在S公司要二十三塊。你們還覺得冤枉嗎？」大家於是不說話了。可是，二十三塊不是我們個人收的，我們送一個快件只有一．六元，和「四通一達」差不多。像這種訓話我在S公司每天聽，一度還以為這個行業就是如此落後，從業人員普遍未開化，欺壓和糊弄司空見慣。然而此刻，在離開S公司後回過頭看，我發現這可能不是普遍的情況，只是我運氣不好而已。那個小哥聽了我的話後，卻一臉悻悻的表情，無言以對。自那次之後，他對我的態度就改變了，不再每次見面都笑著打招呼，也不再和我互相調侃，總是一副悶悶不樂的樣子。過了不到一個月，他的同事告訴我他辭職了。他丟的那個快件後來也找到了，是被一個上樓收廢品的人當廢紙盒撿去的。因為社區保安認識那個人，在看了監控視頻後，不久就追了回來。

08：時間成本

我不知道有沒有人發自內心地喜歡送快遞。就算有，大概也是罕見的。反正我和我認識的快遞員都不是那種人。一般來說，只有在發工資的時候，我才會感覺自己付出的勞動值得，而不是在比如說客戶露出感激的表情或口頭表達謝意的時候——雖說那種時候我也很欣慰。我給自己算了一筆賬：在我們周圍一帶，快遞員和送餐員在不包吃住的情況下，平均工資是七千塊左右。這是由北京的生活成本和工作強度決定的，是長年累月自然形成的市場行情。低於這個報酬，勞動力就會流動到其他地區或其他工種。那麼按照我每個月工作二十六天算，日薪就是兩百七十塊。這就是我的勞動價值——我避免用「身價」這個詞。然後我每天工作十一個小時，其中早上到網站後卸貨、分揀和裝車花去一個小時，去往各社區的路上合共花去一個小時，這些是我的固定成本。那麼剩下用來派件的九個小時裡，我每個小時就得產出三十元，平均每分鐘產出〇．五元。反過來看，這就是我的時間成本。我派一個件平均得到兩元，那麼我必須每四分鐘派出一個快件才不至於虧本。假如達不到，我就該考慮換一份工作了。

漸漸地，我習慣了從純粹的經濟角度來看待問題，用成本的眼光看待時間。比如說，因為我的每分鐘值〇．五元，所以我小個便的成本是一元，哪怕公廁是免費的，但我花費了兩分鐘時間。我吃一頓午飯要花二十分鐘——其中十分鐘用於等餐——時間成本就是十元，假如一份蓋澆飯賣十五元，加起來就是二十五元，這對我來說太奢侈了！所以我經常不吃午飯。為了減少上廁所，我早上也幾乎不喝水。在派件的時候，假如收件人不在家——工作日的白天約有一半的住宅沒人——我花一分鐘打個電話，除支出〇．一元的話費外，還付出了〇．五元的時間成本。假如收件人要求把快件放去快遞櫃，我將付出更多的時間成本，而且往快遞櫃裡放一個快件，平均還要付〇．四元，那麼這筆買賣我就虧本了。如果收件人要求改天再送到家裡，我將虧損更多——不僅打了電話，還將付出雙倍的勞動時間。這些還只是順利的情況；假如電話沒人接聽，我將在等待中白白浪費一分鐘，也就是〇．五元。還有的電話打通後就很難掛掉，客戶百折不撓地提出各種我滿足不了的要求。有時打完一個電話後，花去的時間成本已經超過了派件費，可這快件還在手上沒送出去。

比如有一次，還是在玉蘭灣，我在客戶預約的時間上門取一件唯品會的退貨，但客戶並不在家。電話接通後，是一個親切的中年女聲，她說要晚上七點後才到家，讓我到時再過來。不過七點後我已經下班了，所以我讓她把預約時間改到第二天。可是她又說，明天也是七點後到家，她每天都是這個時間。我說：「如果是這樣的話，建議您把退貨帶到工作的地方退。」可是她告訴我，她在醫院上班，工作的時候不方便處理私事。像這種情況，她只能自己把退貨寄回了，唯品會的上門攬退不支持夜間預約。不過那樣她會有點兒麻煩，因為玉蘭灣的快遞員除S公司的以外，其餘的都不上門收件。但S公司的運費遠高於平臺補償的十元，大多數人並不願意發S公司。而發其他快遞，她要自己帶去快遞站寄，她不一定能找到，或者不願意費這個勁兒。相比而言，在電話裡動員我是更省心的解決辦法。何況她顯然是個樂於溝通的人，相信凡事只要爭取就有可能。在我拒絕了她的幾個提議後，她問我能不能下了班吃過晚飯之後，到玉蘭灣來散散步，順便把她的退貨取了。她始終保持著良好的溝通態度，措辭很得體，語調溫婉，富有感染力，簡直無可挑剔。不過，晚上到她的社區去並不像她說的那麼詩情畫意，我來回得花上一個小時，還得忍受一路的交通擁堵、喇叭、廢氣、紅綠燈……誰會選擇散這麼個步，而不留在家裡休息和陪伴家人？再說從經濟角度考慮，專門為她的一個訂單跑一趟也很不明智。我們收一個退貨的提成是三．五元，我當然不想花一個小時掙三．五元，而且還是在加班的情況下。或許她自己是個工作狂，義無反顧地願意為工作付出和犧牲，而在這個競爭激烈的社會，她認為我理應和她一樣。可是我的覺悟沒有達到她的水準，而且我還想反過來建議她：不如你晚上吃了飯出來散個步，順便找個快遞站把退貨寄掉。當然我沒有真的這麼說，我隨便找了個理由拒絕了她。後來我還給她送過幾次貨，面對面的時候她仍然很禮貌，絲毫沒有因為我曾拒絕過她而心存芥蒂，或者起碼沒讓我感覺出來。

有一個事實是，我並沒有因為切身地意識到時間就是金錢而賺到更多的金錢。實際上我的基本工作方式並沒因此有所改變，我沒有不管三七二十一地把所有快件扔進快遞櫃裡，也沒有不接電話或索性遮罩掉陌生來電——我像是變得既在乎錢同時又不在乎錢了。我常常羨慕「四通一達」的小哥，在我們梨園過半數的社區裡，「四通一達」已經不再上樓。他們會把快件直接投進快遞櫃，要不就在社區裡租個房子做驛站，發短信讓收件人自取。

品駿雖然在快遞行業裡默默無聞，但是因為採取直營制，沒有各種亂七八糟的勞資糾紛，這是我喜歡的方面。而且公司背靠唯品會，減輕了部分的生存壓力。在派件方面，我們和S公司一樣，也要求送貨上門。不過話說回來，我在每個社區的派件方式，其實並不都一樣。事實上，每個小區根據自身的實際情況，住戶和快遞員之間早已形成了長久的默契。我在接手一個社區時，首先得參考這個社區裡其他快遞員的派件方法，然後再根據自身情況微調。

顯然，在我負責的區域裡，有些地方快件比較好送，而有些地方不太好送。對於不好送的地方，我會這麼看待：我把從好送的地方盈餘的時間補貼到不好送的地方了，因此那些不好送的地方的客戶，應該感謝好送的地方的客戶。

我還發現有很多人，儘管幾乎每天都在收發快件，但是對快遞員的工作方式仍然很不瞭解。我傾向於把所有這些不瞭解看作對我們勞動報酬的不瞭解。比如有一次，我在京通羅斯福廣場裡派件，一個收件人——她是個售貨員——工作調動到通州萬達廣場去了。在電話裡，我告訴她把快件轉到萬達要第二天才能送到。當然，不必說的是，那將不是由我來派送。可是她吃驚地反問：「這麼近怎麼要花一天時間呢，你一會兒給我送過來不就行了嗎？」並不是只有她提出過這種問題，實際上會這麼問的人不在少數。這令我不由得想到，有些我以為顯而易見的事情，別人可能根本想像不到，因此溝通時需要耐心。首先，從京通羅斯福廣場到通州萬達廣場，並不像她輕描淡寫的語氣所暗示的那麼近，我開三輪來回跑一趟，即使電量充足，也要大半個小時。其次，這取決於以什麼身分看待這個問題。對於一個在假日逛街的女孩來說，城裡的任何兩個商場之間都不存在距離。可是快遞員很多每天只在一兩個社區裡活動，對我們來說，幾公里外的萬達廣場和幾十公里外的天安門廣場都同樣遙不可及。最後，萬達廣場的面積很大，對我來說很陌生，我步行進去找一個店鋪難免要花不少時間。逛商場可不是我的特長，在稍大一點兒的商場裡我經常分不清東南西北。以上這些她都不難在一定程度上想像得到，假如她願意換位思考的話。那麼她想像不到的就只有我送一個快件只有兩塊錢這件事了——我嘗試帶著善意這麼理解。因為我不願意相信，她在知道我的報酬的情況下，仍然會心安理得地要求我單獨為她跑一趟。

我的地盤裡有兩個商場，都在九棵樹地鐵站旁。一個是京通羅斯福廣場，另一個是陽光新生活廣場。不過，陽光新生活廣場這個名字很少人知道，大家習慣叫它家樂福，其實家樂福只租下了整棟商場的第二層和第三層。這個商場不允許快遞員進去送貨，我們只能在樓下打電話聯繫，讓收件人自己出來取件。「四通一達」的小哥很喜歡這裡，因為他們原本就不想進去送，這簡直正中他們下懷。他們來了就把車一停，然後一個接一個地打電話，打完就坐著等。可是我在家樂福的快件很少，平均每天就三四個，而裡面的收件人正在上班，常常不能及時出來取件。假如我為了三四個快件等半小時，那顯然划不來。但提前很多打電話，出來快的人又找不見我。因為這個緣故，有時我就索性送進去了，畢竟我連走路也比他們快。不料我才送了幾回，就被保安逮住了。

那天保安攔住我的地方在四樓國美的出口，其實我已經快走到目的地了。我對他說：「我剛來這裡送貨，還不知道規矩。」——實際上我知道，但我必須這麼說——「大門口也沒有告示說不能送貨進來，剛才我進來也沒人攔著我，要不我現在出去好了。」但他攥住我的板車扶手，不讓我走。於是我問：「你不讓我進去，又不讓我回頭，那你想怎麼樣啊？」他說：「我要扣下你這幾箱貨，你屢教不改！」就這樣我們僵持住了。我咬定自己什麼都不知道，我也確實是新來的，我和他還是初次打照面，雖說其他快遞員早就告訴我這商場不能進，但他並不知道這些。他從來沒有教育過我，所以沒有理由說我什麼屢教不改。此外我不信他能扣下我的貨，除非我不是活在一個法治國家。他這樣要脅我很荒謬，我做錯的事情並沒有給商場造成實質傷害。我又不是小偷，就算違反商場規定，也只是小過失，他犯不著疾惡如仇地瞪著我。我決定不買他的賬，我不會慣著他那從這麼一丁點兒職權中滋生的虛榮心。我對他說：「你還是讓我走吧，你們沒權扣留我的貨物。」他大概沒聽懂或根本沒聽我在說什麼，只是死死揪住我的板車不放，就像一隻咬住獵物的鬥牛犬。於是我說：「你再這樣我要報警了。」他說你想報就報啊。於是我拿出手機打了一一〇。如果我沒有記錯，那是我平生第一次打一一〇。接線員記下了我的資訊後，告訴我等會兒會有片區民警給我回電話，讓我注意接聽。這時候保安也用對講機喊來了同事和上級。我倒想看看，為了這麼點兒破事，他們能鬧到多大。

保安的上級來了之後，先裝模作樣地訓了我幾句。我還是推說自己新來的，什麼都不知道。不過我重申，商場無權扣留我的貨物，所以我已經報警了。這人明顯比他的下屬機靈，聽說我報警後，心裡掂量了一下，先拋出幾句狠話，掙到了面子，再話鋒一轉，交代我說：「你給一一〇回個電話，說事情已經解決了，貨物你現在可以拉走，但以後不准再進來。」我以為事情到此就結束了，不料卻一波三折。我的收件人——四樓一家健身房的負責人——趕過來了。剛才在電話裡，我告訴了她情況，她過來一看見那個保安的上級，就衝他罵了起來，原來他們之間早有齟齬。她罵他是流氓之類的，語氣雖然很凶，但並不算特別髒的話，在我看來也接近事實。這些保安和流氓僅有的區別就是他們穿了制服而已。

前面沒提到的一點是，那個保安的上級臉上有一道刀疤，而且他的言行舉止也確實流裡流氣。雖然以貌取人並不好，但我敢說，他從前很可能不是什麼老實人。

刀疤在被罵了之後氣壞了，他轉過頭來對我說：「這貨你不能拉走了，我就要扣下來，看她能拿我怎麼樣！」於是我只好跟著他們到了商場的中控室。我得盯牢我的貨物，畢竟這時客戶還沒簽收，責任還在我身上。這時九棵樹派出所的民警給我回電話了，我告訴他事情的經過，從他的語氣裡，我聽出有點兒埋怨我們沒事找事的意思。他問我現在在哪裡，我說在中控室。接著他就打通了中控室的座機，看來派出所和商場物業是有聯繫的，連電話號碼都知道。刀疤接了民警的電話，語氣仍然很強硬，不過掛了電話之後，他同意把貨物還給我，但不是直接交給我，而是吩咐我把健身房的負責人找來，他要讓她寫個保證書還是檢討之類的才歸還貨物。我對他說：「可是這快件她都還沒簽收呢。」刀疤說：

「你直接簽收吧，把人找來就行了，沒你的事。」

09 投訴和「報復」

不久之後，「雙11」就到了。我記得在「大促」開始前，準確來說是從十一月一日到十日的這段日子裡，我們的快件量逐日地減少，甚至下午三四點就可以下班。原來顧客們遠比我以為的更在乎平臺的「大促」活動，已經紛紛按捺住購物的欲望，就等著在十一日當天盡情地釋放了。這段短暫的閒暇時期是壓抑的，我每天都憂心忡忡，就像眼見暴風雨即將到來，卻又沒法提前做些什麼。我發現同時有兩種心理在我身上發生作用：一種是對促銷活動帶來的高回報的渴望，一種是對犯錯的恐懼——事實證明在「大促」時誰也免不了忙中出錯——而後一種心理對我的影響力要遠遠強於前一種。

為了不讓我們在促銷期間掉鏈子，M站長每天在微信群裡督促我們修車，這時候修車可以報銷一半的費用。可是我的三輪找不出什麼毛病：三條外胎都還很新，內胎應該也沒問題。剎車片有正常磨損，制動距離稍有點兒長，但還遠遠夠不上要修理的程度。車前燈當時也還能亮，雖然不久後就壞了，而且直到最後我都沒去修它。

或許因為有了充分的心理準備，促銷正式開始後，我感覺並沒有原來預料的那麼累。最初的三四天，我們的貨量翻了近三倍，接下來的幾天保持在平常的兩倍左右。當然，當貨量翻倍的時候，我並不需要花費翻倍的時間，畢竟我的工作區域沒有隨之擴大，只不過快件的密度增加了。舉例來說，我在京通羅斯福廣場裡送出十個快件和送出三個快件，所花的時間其實差不多。早上我們把到貨卸下來後，原本就逼仄的網站就像只盛滿水的盒子，快件幾乎漫到我的腰部，並且向門外淌出。我早上六點半吃了早餐開始幹活兒，到晚上九點多才吃第二頓，但並沒有感覺到餓。可能在本應感到餓的時候，由於過度地集中精神在工作上，我沒有留意到身體的狀況，而當時間點過去後，那種感覺就消失了。我的身體會自覺地調整內分泌水準，就像逆來順受的勞工在發現雇主並不打算滿足自己的需求後，默默地放棄了自己的權益。

相比起十一月，十二月的工作其實更艱苦。一方面，十二月的白晝變得很短，早上七點過了天才開始亮，下午五點不到太陽又下山了，這令人感覺時間稍縱即逝，因此容易變得焦慮。另一方面，我們三輪車裡的電瓶到了冬天，充滿電也只能跑夏天時三分之一的路程。這就像一枚定時炸彈，隨時會令我們癱瘓在地。夏天我根本不考慮電量的問題。可是到了冬天，尤其是在社區裡，三輪車在一個個單元門間挪動，每次的刹停和啟動，都在增添我內心的憂慮。

此外，北京的溫度這時候已經降到很低，經常一整天都在○℃以下。我可以長時間承受比較低的溫度，比如我可以在五℃的天氣裡只穿一條牛仔褲——我在南方從小到大都這樣過冬。但我沒有很多應付○℃以下天氣的生活經驗。我前後在五個城市居住過一年以上，其中只有兩個溫度會降到○℃以下：一個是上海，另一個是北京。可在上海我待在室內工作，而且上海最冷也就零下兩三度。而在北京，我每天早上六點多出門，經常要面對零下十幾度的氣溫。現在我要長時間地在戶外工作，因為要頻繁地使用觸屏手機，我只能戴半指的手套。我給三輪也裝上了防寒車把套，這確實能起點兒作用。不過即便如此，我的手還是經常被凍僵，有時別說操作手機，連讓手指彎一下都做不到。此外為了方便搬貨和爬樓梯，我們都不會穿得很臃腫，更不會穿很貴的衣服，因為很容易被弄髒，甚至弄破。不過我也沒有很貴的衣服，我身上最貴的是一雙兩百多的 New Balance，穿了一年多後鞋底磨破了。在淡季的時候，我每天大約走一萬到一萬五千步，旺季時平均兩萬多步，「雙11」和「雙12」期間能上三萬步。不過在微信運動裡，因為加了很多同行，我的步數並不算特別多，甚至很少能排進前三。

在最冷的十二月和一月，我上班時一般上身穿棉秋衣打底，套一件羊毛衫和一件棉芯拉鍊馬甲，再加一件中等厚度的外套，下身在棉秋褲外面套一條衝鋒褲。送貨的時候實在冷到受不了的話，我就在樓道裡躲一會兒，緩口氣。而作為艱辛的回報，十二月我們網站全員的稅後工資都超過了一萬。

二〇一九年的春節我沒有回家，作為值班人員，我的假期只有五天。原本唯品會的宣傳口徑是「春節不打烊」，我也這麼告訴客戶，但是最後沒有實現。早上送貨到網站的貨車司機告訴我們，春節幾天車隊沒人加班，你們網站照常營業也沒用，快件到不了站。不過春節期間訂單其實不多，大概是各個品牌該清倉的都清完了，新款又還沒上市，或者上市了但不打折，所以客戶哪怕想購物，也沒有什麼值得買的。我記得節後復工的第一天，我們處理了積壓幾天的快件，總量也沒有平常一天的多。

春節假期過後，我發現有些老客戶消失了，要不就是他們不再在唯品會下單，但這個可能性很小，要不就是他們離開了北京。不過也有一些人只是搬了個家而已，這樣的人還不少。在節後的一個多月裡，我遇到起碼十幾個留錯地址的快件，全部是收件人搬家後忘記修改收貨地址的。而且這些搬來搬去的人很多還住在合租房裡，一旦留錯了地址，快件就會被原來的室友代收。遇到這種情況，我只能自己掏錢幫他們轉寄，因為發現的時候快件都已經簽收了。但我還是要盡力挽回一下，以減少自己的損失。

比如有一次，在瑞都國際南區，我敲門沒有人，於是電話聯繫了收件人，她讓我把快件放在門邊的電錶井裡。晚上她回我電話，說沒找到快件。這時我們才發現，原來她下單時留錯了地址，實際上她已經搬到昌平去了。白天我和她通電話的時候，她以為我是昌平的快遞員。我對她說：「明天我可以幫你把快件取回來，再轉寄到昌平去，但你得付一下運費。」她覺得自己給我添了麻煩，心裡有歉意，很爽快地同意了。不過這樣的人是少數，大多數人不願給錢，是要和我扯皮的。比如另外一次，我在電話裡對客戶說：「轉寄的話你要付一下運費哦。」他問：「為什麼呢？我買的是包郵的呀。」我說：「你留錯地址了，快件已經簽收啦。」他說：「為什麼會簽收呢，我又沒收到。」我說：「我送到你留的地址了，屋裡有人收下了啊。」他說：「但那不是我啊。」我說：「我又不認識你，我只管送到你寫的位址。」他說：「那你不核對一下嗎？」我說：「我派件的時候報了你的名字啊，屋裡的人收下了，我還能怎麼核對？」因為住合租戶的人大多不知道室友的名字，只要位址是對的，都會幫忙把快件收下，然後放在公共區域。他當然也清楚這種情況，只是不想為自己的過失掏八塊錢運費，所以他對我說：「那我跟你們客服溝通一下吧。」談判到這裡就破裂了，因為我不能讓他打客服，所以只好自己掏錢幫他轉寄。雖然每次就十塊八塊錢，但我恨這種人恨得牙癢癢。假如他當時站在我面前，我很可能會動手揍他。

還有一次情形也差不多。我送一個弘祥 1979 文創園的快件，實際上收件人的公司已經搬走了，我去到他留的地址，辦公室裡幾個人正站著說話，可能在討論工作上的問題。然後我報出了收件人的名字，其中一個女的走過來，把快件接進去了。結果，第二天收件人打電話給我，問我快件送到哪兒了。其實他已經發現自己留錯了地址，只是在裝模作樣而已。我和他把情況說清楚之後，他開始耍賴了，「義正詞嚴」地責問我：「你們派件都這麼不負責嗎，難道不核對一下嗎？」我說：「我派每一個快件，都會報出收件人的名字，有人幫你簽收了。」他說：「我都不認識那個人，她怎麼能幫我簽收呢？」我反問：「你不認識她，那下單的時候為什麼寫她的地址呢？」他說：「地址可能寫錯了，但那個收件人不是我，你難道不核對嗎？」說實話，我不知道還能怎麼核對，我無權讓人出示身分證。那個女的為什麼收下一個陌生名字的快件我也不清楚，可能她剛到那裡上班，還不認識所有同事。就算我能核對身分證，但多花的時間也會大幅地降低我的收入。我的收入本就不多，要再減少的話，就相當於端掉我的飯碗了。我可以為他白跑一趟，把快件取回來，再給他寄到正確的位址，可是他甚至不願意為自己的失誤支付八塊錢運費。我沒有和這個人爭下去，他的溝通態度很不友善，不但沒有絲毫愧疚，還滿嘴理直氣壯的語氣，說什麼他也是打工的，很理解打工人的難處，但對待工作不能那麼馬虎，等等——儼然是要教我做人了。我要是跟他爭論下去，他就會投訴我。而面對客服的時候，天知道他會怎麼歪曲事實、顛倒黑白。後來我把快件取了回來，然後自己掏了八塊錢，給他寄到新地址去了。但我在手機備忘錄裡記下了他的姓名、電話和位址。我當時非常憤怒，事實上我氣炸了；可是為了這份工作，我只能暫時忍氣吞聲。我想等我離職不幹後，一定要上門找他算賬。君子報仇十年不晚。

事實上我當然沒去找他，不久後我的氣就消了。我的「報復備忘錄」裡總共只記過兩個名字，後來都刪掉了，一個都沒報復。

有天我和同事在網站裡閒聊，一個同事說到他認識的一個快遞員，有天在路上把一輛奧迪給砸了。因為奧迪的司機在他後面拼命摁喇叭，把他給惹毛了，於是他摸出一根鐵棍，把人家車前蓋和擋風玻璃完全砸爛了。我也有過近似的衝動，而且不止一次，或許不如他的強烈，但已足夠傷害人。那衝動就像一根鋼纜繃斷後瘋狂地反彈，不顧一切地反噬身後的壓力，發洩對世界的不滿。那個快遞員據說後來蹲牢房去了，因為他賠不起，可能也不想賠。也許，這就是光腳的不怕穿鞋的。

儘管小心翼翼地避免，但是有一次，我還是被一個留錯位址的客戶投訴了。那個收件人實際上搬到了通景園社區，但收件地址寫了瑞都國際北區。這兩個社區實際上相隔不到兩公里，我在派她的快件時，並沒有察覺到異常。我記得是一個男青年開的門，我報出收件人的名字，他接過快件時什麼也沒說，既沒說他不是那個人，也沒說謝謝。不過這其實也正常，有的人就是不愛說話，這樣的人我每天都遇到不少。再說我又不是偵探，我不會動不動就對人起疑心。而且我很忙，為了節省等電梯的時間，我有時會用雜物卡住電梯門，所以出於良知，我派件時得速戰速決，不能和收件人磨嘰，否則就會耽誤其他樓層等電梯的人。

然而過了兩天，投訴來了。助理在微信裡通知我，說這個訂單的收件人回饋快件沒收到，但是顯示已簽收。這就是所謂的「虛假簽收」，一次要扣罰五十塊錢（但我可以申訴）。

我馬上給收件人打去電話，當時我剛從金成府社區出來，天上正飄著毛毛小雨，我坐在三輪的駕駛座上。平常我會邊開車邊打電話以節省時間，但生氣的時候不會。我在電話裡問收件人：「這是你犯的錯，你竟然還投訴我？」她委屈地說：「我沒有收到快件啊，你怎麼能說我簽收了呢？」我說：「你寫的地址有人收件啊，難道我能檢查他的身分證嗎？」她說：「對不起啊，我在App裡找不到你的電話號碼，沒法聯繫上你，我只能打客服電話，但我沒說過要投訴你，都是客服幫我處理的。」我並不完全相信她的話。客服確實會引導客戶，在淡季的時候引向投訴，用這種方法督促我們提高服務品質；而在旺季則儘量幫我們開脫，以免影響促銷期間的配送穩定性和效率。這些，站長和助理都提醒過我們。可是我懷疑她並沒有如實地告訴客服，她在下單時留錯了位址，所以客服才幫她進行了投訴處理。因為她擔心承認了自己的錯誤，客服就不幫她追討快件了。此外，訂單的物流資訊裡可以看到我的手機號碼，她說找不到，可能只是怕直接聯繫我，我會拒絕幫她的忙。而通過客服來協調，我就無法拒絕了。

當然，以上只是我的猜測，我當然不會質問她。畢竟她在電話裡向我道了歉，在我看來，她並不傲慢無禮，只是有點兒過度緊張而已。於是，我又去到瑞都國際北區，幫她把快件取了回來。那個快件還擱在客廳裡，另一個房客把它還給了我。然後我把它帶到了通景園社區。通景園社區並不是我的地盤，但和我負責的旗艦凱旋社區只隔一條馬路，我每天都會路過。見了面之後，我發現她好像難過得快哭出來了，說要賠償我五十塊。因為我在電話裡告訴過她，她的投訴會害我被罰五十塊。但這個投訴我可以申訴掉，只要客服回訪的時候，她說明情況就行了，所以我沒要她的錢。我的實際損失：我把快件送到她錯寫的地址，又上門取了回來，再送到正確的位址，這相當於為她這個快件跑了三趟。我生氣不是因為錢，而是因為被冤枉，以及平白增添的麻煩。或許還有對所有我不認同但不得不接受的不公平、不友好、非人性的規則和條件的不滿。但我不能把氣撒到她身上，否則我對她也是不公平、不友好、非人性的。

前面提到，我的「報復備忘錄」裡總共記過兩個名字，接著說說另一個人的故事。那應該是在二〇一九年的六七月份的時候，有次我在新城陽光社區送一箱冷溫水果，早上八點多我就到了客戶門外，可是敲門沒有人應。冷溫快件和普通快件不同，尤其是在夏天，不儘快送出的話，裡面的食物很容易變質。我在門外打了三遍電話，但收件人始終不接。按照正常流程，這種家裡沒人、電話不接的情況，我應該把快件帶走，等下午折返回來時再派送。可是當時天氣已經很炎熱，我的三輪車在太陽底下跑，車廂裡就像個烤箱，我想等我下午再來的時候，水果恐怕已經壞了。或許收件人只是出去吃早餐或買菜，沒准一會兒就回來，假如是那樣的話，我把快件留下來，收件人才有可能更早拿到。於是我把快件放到了社區的快遞櫃裡。那組快遞櫃在31號樓和32號樓之間，因為兩邊都有樓房遮擋，從早到晚都曬不到太陽，而收件人家在34號樓，離快遞櫃就一百米。因為收件人不接電話，除了快遞櫃自動發出的取件碼以外，我還另外給她發了條短信，告訴她這是一個冷溫快件，讓她儘快去取。

我想快件保存在陰涼的地方，起碼比被我帶到車裡好。萬一她一直不回來也不回電話，那我下午來的時候再把快件取出帶走。我們網站裡沒有冰櫃，送不出去的冷溫件當天晚上就要退走。我大約九點多離開社區，然後在送完孫王場和玉蘭灣時，還分別給她打過兩次電話，主要是怕她沒看到短信，想提醒她儘快取件，可是她都沒有接聽。到了中午十二點多，她突然給我回電話了，當時我剛到旗艦凱旋社區，離新城陽光有三四公里遠。我滿心以為她要感謝我，畢竟我採取的做法，最大程度地降低了快件變質的可能。不料她卻對我說：「我買的是榴槤，你怎麼能放到快遞櫃裡啊？」她買的應該是去殼的榴槤果肉，因為那只保溫箱不大，放不下整只的榴槤。我提醒她：「可是早上你家沒有人啊。」她說：「那你也不能放快遞櫃啊，你現在就給我送上來。」聽到她這麼說，我就不高興了，因為她的語氣好像在興師問罪。我跟她解釋了為什麼要把快件放在快遞櫃，然後說：「我現在不在新城陽光，你方便的話就自己下樓取一下，要是等我過去的話，大概還要兩個小時。」她說：「我等不了，我馬上就要出門了，你現在就過來給我送。」我當時正忙著，頭班貨還有兩個社區沒送出，天氣又熱，我口乾舌燥，不想和她磨嘰，所以我說：「我現在過不去，你要是能等，我兩小時後到了新城陽光給你送，要是你不能等，就自己取一下吧。」聽到我這樣說，她馬上要脅我：「那我現在投訴你，你問都不問就把我的快件放進快遞櫃。」既然她都這樣說了，我也不想浪費唇舌，直接就掛斷了她的電話。不料她馬上又打了回來，我想了想，還是接了。

「你到底給不給我送？」她問。當然，不是以禮貌的語氣。我告訴她當時我身處的位置，但我能感覺到她根本不在乎我離她有多遠。「反正現在我過不去，」我說，「等會兒到你社區會給你送的，如果你能等就等吧。」「你為什麼把我的快件放快遞櫃裡，我同意了嗎？」她繼續糾纏道。「你的榴蓮如果沒有放到快遞櫃，現在就得跟著我曬太陽，一直曬到下午兩點半。你不願意取沒關係，下午我去到新城陽光，我給你送上去。但是現在我過不去，我不是光送你一個小區。」「你早上根本就沒上過我家！」她說。這下她真的惹火我了，我問：「那我在你家門外給你打了三個電話，你為什麼不接？」她不回答，只是不斷重複：「反正你不能把我的榴槤放到快遞櫃裡。」我說：「行，那你別去取，你等著吧。」說完我就掛斷了，這次她再打來我可不會接了。不過她沒有打。當時我氣得手抖，心想真是好心遭雷劈。不過我車裡的快件還沒送完，不想在她身上浪費時間。

結果，她自己去拿了快件，然後打電話投訴了我。不過這被申訴掉了，因為我有早上的撥號紀錄和短信紀錄，短信裡明確提到她家沒人的情況。大約過了半個月，又來了一箱她的冷溫水果，和上次的一樣，裝在一隻白色泡沫箱裡，只是不知道還是不是榴槤。早上我去到她家，果然又沒有人，這正合我的意。上次我用公司配的天津電信號打給她，這次我換自己的雲南聯通號打，我希望她不接這個陌生的外地電話，那麼我就可以把快件帶走，放在車頂上曬一天太陽，到下午再給她送來。可是這次的電話她馬上就接了。我不知道她認出我沒有，我問她：「這快件是下午給你送嗎？」我希望她讓我下午送。但她猶豫了一下，說：「你幫我放到快遞櫃吧。」在那次之後，我就再沒送過她的快件了。

10：賠錢

只要是長久幹快遞的，都有過賠錢的經歷。私底下我們常常自嘲：多幹多賠，少幹少賠，不幹不賠。我們網站裡一個最年輕的小哥，就三天兩頭地賠錢，後來他辭職走了，聽說轉行了。快遞員賠錢的原因五花八門不一而足，誰也無法完全統計。比如那個小哥，他很有進取心，不過由於年輕，做事可能有點兒毛糙。他想多掙點兒錢，於是攬下了一塊比較大的區域。在淡季的時候，他也確實掙得比別人多。但到了旺季他就忙不過來了，加上年輕氣盛容易浮躁，於是接二連三地出現問題。他是我們中被投訴最多的，因為按照正常的工作方法，他完不成自己的任務，所以他經常不聯繫收件人，直接把快件投進快遞櫃裡。這種做法在品駿可能會被投訴，畢竟品駿是唯品會的配送公司，不能容許這種客戶體驗較差的做法。開始的時候，站長和助理還替他遮擋一下，找些理由幫他申訴；可是次數多了，漸漸也對他失去耐心。而且他一直覺得掙錢少，不願割讓部分區域，可他又照看不過來。

除了被投訴，他還丟過一隻電瓶。他有次送件的時候，為了節省時間，沒把車停到安全的地方。據他自述，他只離開了兩分鐘，回來電瓶就不見了。他還經常丟快件。有次，他把一個裝在小袋子裡的快件放到了車頂上——一般車頂我們只放大件和重件，而他可能圖方便，把最先要送的快件放上面了。結果他的三輪開出網站沒多遠，快件就被風刮跑了。後來聽一個環衛工人說，快件被個路過的老奶奶撿走了。那個快件裡是一套女士內衣，雖然重量就幾十克，但價錢要四百多。也可以說，他是有點兒在作死。雖然他能拿到更高的工資，但把賠的錢減去後，真實收入不見得比別人高。而且他還幹得很累，心情也不好。此外，他還在攬收唯品會的退貨時，因為收回的產品和訂單不符而賠過幾次錢。

不過這種情況我們每個人都碰到過。

唯品會的退貨流程和淘寶天貓不同：我們不光要收件，還要負責驗貨。客戶把退貨交給我們後，我們在系統裡點擊「攬收成功」，這時平臺立刻就把退款打給客戶。之後這件退貨寄回到倉庫，假如入庫人員發現內物不符，或者產品有使用過的痕跡，會影響到二次銷售，那麼這個訂單的金額就會扣罰到我們次月的工資上。因此對我們來說，攬退不僅有風險，而且很費時間。因為一個訂單裡常常會有幾件甚至十幾件衣服，我們要逐件檢查，再裝回袋子裡打包好，貼上物流單，這遠比送一個快件花的時間多。有些衣服款式比較複雜，假如某個不起眼的部位破了洞，或者留下個唇膏印，而我們檢查時沒發現，那麼這件衣服就要我們買單。還有些衣服是白色的，我們幹活兒時雙手都很髒，驗貨時只能小心翼翼，不敢觸碰太多，否則造成了汙損還是我們買單。還有一種更常見的情況：客戶交給我們的退貨和訂單不符。這可能是客戶申請退貨時，選錯了要退的商品，也可能是唯品會給客戶發錯了貨，但只要我們沒檢查出來，都是我們買單。

我在品駿的一年多裡，從來沒有因為投訴被罰過錢。當然這也沒什麼了不起，但我還是賠過三次錢。其中兩次就是因為攬退時沒有核對仔細，收回的產品和訂單裡的不符。一次是一套淺綠色的童裝，因為那款衣服有多個不同圖案，客戶收到的不是下單時選的圖案，也就是唯品會發錯貨了。可是我攬退時沒有打開來仔細看，我只掃描了包裝袋上的條形碼，而那個條碼卻是對的。這種情況一般是因為，這件衣服曾被別的顧客退過貨，在裝袋子時裝反了，導致包裝袋上的條碼和裡面的產品不符。而倉庫發貨時只掃描包裝袋，並不會打開檢查。接著衣服賣給了第二個客戶，也就是我配送的客戶，在收到後客戶發現圖案不對，於是選擇退貨。而我在攬退時也沒有發現錯誤，直到這件退貨返回倉庫，重新入庫時才被查出。這種情形有點兒像擊鼓傳花，一系列錯誤被終結的那一刻，責任剛好在誰身上，就由誰買單。不過那套童裝只要二十九塊，我平常補個胎都要三十塊，所以並沒放在心上。

另外一次也是唯品會發錯貨，我攬收了一雙波爾諦奇牌的老爹鞋，鞋盒上的條碼是對的，收回的鞋款也相同，只是鞋身外側的裝飾圖紋略有區別。這個牌子的好幾款老爹鞋外觀都很接近，稍不留神就會混淆。那天我可能比較著急，沒有看出區別來。鞋子的價格是一百九十九塊，在我賠了錢之後，倉庫把鞋子發給了我，等於我買下了。我立刻把鞋掛到了閒魚上，幾天就賣出了，賣了一百二十塊。那也就是說，我實際只損失了七十九塊。

我的第三次賠錢，是我快遞工作中最慘痛的經歷。之前的兩次退貨出錯，都只賠了幾十塊，像這種小數目，說實話我都麻木了。但是第三次賠錢，卻一次賠出了一千塊，令我留下刻骨銘心的記憶。那天我在玉蘭灣送完快件出來，發現放在車頂上的一箱當當網快件不見了。我的快遞車停在人行道上，和別的快遞車停成一排。我每天都停那個位置，可以說，那就是我的專屬車位——雖說這只有其他快遞員承認。當時我在玉蘭灣已經送了一年的貨，大多數日子裡，只要不下雨，我的車頂上都放有快件。我還算放得比較少的，京東和天貓的車頂上經常都堆出一座小山。不過我還從沒聽說過有人偷車頂上的快件。因為我們放在車頂上的快件，一般都是車廂裡塞不進的大貨，比如一大包狗糧、成箱的啤酒之類的。偷這種快件既費力，又引人注目，容易被抓住。再加上大多數快件其實價值並不高，或是只對收件人有價值。比如我被偷的那箱書，我相信偷書的人絕不會拿來讀。三十多斤書當廢紙賣，也就值個十幾塊錢。

當然，小偷很可能沒聽說過當當網，所以不知道箱子裡裝的是書。但無論他以為那是一箱油，或一箱米，或一箱蘋果，或一箱洗衣粉，偷它所付出的體力和冒的風險對比回報都是不值得的——我就不說這對他的人格的損害了。我甚至懷疑偷這個快件的人，並不是出於貪心，而僅僅是想傷害我，就像有些人毫無理由地破壞公物或虐待動物一樣。

我立刻去找社區裡的其他快遞員、保安和環衛工人打聽，但沒有人看到事情的發生。有的人甚至不相信我丟了快件，他們認為是我把快件落在了網站裡，根本沒有帶出來。當我排除了一切其他可能，確定快件真的被偷了之後，我幾乎喪失了把活兒幹完的動力。我像被一列火車迎頭撞翻在地，精神上再也爬不起來。事後我完全不記得，那天在接下來的時間裡，我都做了些什麼。我好像一直怔在原地，但實際上我麻木地去了下一個社區，再下一個社區……直到送完所有快件。

回到網站後，助理幫我查到那個快件的價值是一千零幾十。他安慰我說：「我剛來的時候也被偷了一個電瓶，賠了一千多。」但這並不能夠真正安慰我。在他的建議下，我去了九棵樹派出所報案。雖說對於尋回失物，我並不抱有希望。

接待我的是一個年輕的胖民警，操一口地道的北京腔，態度非常好，但有點兒貧嘴。做完筆錄後，我問他：「你覺得能抓到小偷嗎？」他說：「這個誰也不敢保證，我肯定不能和你說一定能破案，但也不能說一定破不了，否則要我們幹啥用呢？」我又問：「能讓我看一下你們的監控視頻嗎？」他說：「那個不能給你看，我們是有規定的，我看了之後會聯繫你。」不過，我在S公司的時候，曾經有同事報過案，當時是可以和民警一起看監控的。於是我向他提到了這點。但這時正好是二〇一九年的九月下旬，北京正緊鑼密鼓地籌備著新中國成立七十周年慶典。民警向我解釋道：「現在恰好是非常時期，上面抓得很嚴，我們不敢違規操作。」在我走後沒多久，他打來了電話，大概是邊在看監控邊和我通話的。他問我當時停車的具體位置，我詳細地告訴了他。然後他說：「這個攝像頭離你停車的位置有點兒遠啊，中間還隔了好多樹……我再想想辦法吧。」實際上他想不出任何辦法，因為從此之後，他就再沒聯繫過我了。

我丟的那箱書是玉蘭灣旁邊的童夢童享幼稚園訂的，在確認快件找不回了之後，我上門去和收件人商量賠償的問題。收件人是一個中年女老師，開始時她說幼稚園是連鎖的，這個圖書由總部統一訂購，她也不清楚裡面是些什麼書和值多少錢。過了一會兒她又想起來說，好像收到過一份總部發來的書目。然後我加了她的微信，她給我發了一個Excel文檔，裡面就是訂單裡的書目。我問她想我怎麼賠，她說：「我不能收你的錢，要不你幫我把那些書買回來吧。」

回到家之後，我立刻裝上當當網的App，把那些書一本本搜了出來。那都是些幼兒圖書，價格卻不便宜。不過我發現有些書在淘寶上折扣更低，於是我兩邊同時下單，最後只花了九百多就把書買全了，比他們下單時少花了接近一百塊，也算是對我的一個小小安慰。

這個時候我們還不知道，品駿快遞將於二〇一九年十二月結束業務，我們在全國的四萬多名快遞員將全部被遣散。公司一直把消息捂到最後幾天，大概怕影響我們的工作情緒。

但是在國慶過後，我們陸續從S公司快遞員口裡聽到，唯品會已經開始和S公司測試對接，部分的訂單已經分撥給S公司，我們每天的快件量也隨之減少了。如今回過頭看，種種跡象表明，最遲在二〇一九年上半年，最早可能在二〇一八年底，也就是我剛入職不久的時候，唯品會就已經決定要放棄自營的品駿快遞了。

11：遣散

我回憶起二〇一九年的春節前夕，M站長轄下的三個站點共二十多個快遞員，一起在西上園一家小餐館裡吃了頓年飯。和S公司的那次聚餐相比，這頓飯吃得有點兒寒酸，點的都是很普通的菜，味道也一般。餐館藏在一條胡同裡，不是在大路邊，生意明顯不好，當時除了我們兩桌，店裡再無別的客人。不過當時我剛加入品駿，對新的工作環境比較滿意，和幾個同事也相處得不錯，所以相對而言，吃到些什麼沒那麼重要。在那頓飯吃到一半的時候，一個叫X哥的片區經理趕來出席，他是M站長的上一級領導。在這種場合，領導一般要講些振奮的話，給大家打打氣。X哥確實也講了，語氣很振奮，但內容卻讓人聽了洩氣。他說春節過後，唯品會的訂單不再全部交給品駿配送，部分協力廠商商家會自行發貨，但是退貨攬收仍然全由我們負責。當時我不知道這意味著什麼，現在我明白了，這是唯品會決定放棄品駿快遞後，分幾步走的過渡方案：先逐步讓協力廠商商家自行發貨，測試可能遇見的問題並改進，然後再把自營訂單交給S公司配送。X哥接著又說：「過了年之後，唯品會訂單的派送費會調低〇．二元，那麼我們就要更多地去收件，收入自然就提高了，大家說對不對？」領導當面這麼問，大家自然都附和了，何況我們正舉著手在碰杯，誰會這時候說不對呢？不過X哥的邏輯，傻子都知道是錯的。雖說X哥擠出一臉眉飛色舞的表情，仿佛來向大家報告天大的喜訊，但在我們無產階級的心裡，對於資本家的種種行徑，始終保持著萬年不變的冷淡和警惕，從不抱有任何幻想。後來，大概在二〇一九年六七月份的時候，公司又再次把派件費調低了〇．二元，這次就沒有任何人來通知我們了。

不過，二〇一九年唯品會的業務倒是蒸蒸日上，公司投入了很大的宣傳力度，包括在一些熱門網劇裡安排植入廣告。這使得起碼在上半年，雖然失去了一些協力廠商商家，但我們的派件量並沒比前一年下降，相反還提高了一點兒。也是因為這個緣故，我們都沒有料到，品駿快遞會在年底解散。我們當時還以為，唯品會既然在快速發展，就不會拋棄嫡系的品駿快遞。

到了十月，S公司開始接手自營訂單的配送後，情況就截然不同了，我們的工作量迅速地減少。不過S公司也不是一下子把業務全接過去，唯品會安排了一個多月的緩衝期，按比例逐步地把訂單從品駿轉移到S公司。這時候情況已經昭然若揭，不過公司還不承認，還給我們發安撫短信，勸我們不要聽信社會上的傳言，等等。總的來說，在這整個過程中，我和同事們都情緒穩定、心中踏實。畢竟在北京，快遞和送餐工作很好找，東家倒了我們就換西家，只要肯幹，不可能餓死，而我也不像二〇一八年初剛來時那麼戰戰兢兢了。

我們自嘲成了「沒媽的孩子」，唯品會的訂單在一點點地被S公司蠶食，像當當網那種大客戶也終止合作了。隨著公司一步步地關停業務，我們的工作量也一天比一天減少，經常下午兩三點就能下班，甚至連「雙11」也只忙了四五天。年底的工作不好找，但大家好像並不著急，都說等過了年再說。似乎有一種「終於解脫了」的氛圍籠罩著我們所有人，儘管我們也知道這只是暫時的。當時還沒有人會料到，因為即將暴發的新冠肺炎疫情，來年的日子將會更加艱難。但相比於去找新工作，我們更關心的話題是公司會補償多少錢，為此每天都要興致勃勃地討論一番，大家都對未來懷著殷切的好奇與憧憬。

公司最後公佈的補償方案是「N＋1」。我的工齡是十四個月，因此將得到兩個半月的工資補償。此外還有另一個選項：因為唯品會和S公司新建立了合作關係，我們這些被遣散的品駿快遞員，可以平移到就近的S公司網站入職，保留原先的工齡並續交五險。但是那樣就拿不到補償金了。我原本是從S公司出來的，很清楚S公司不適合我，此時自然不會回去。我的幾個同事也不想去S公司，他們說：「就算是去S公司，也得拿了補償金再去。」實際上他們都沒考慮過S公司。

我們在崗的最後一天，是二〇一九年的十一月二十五日。我記得那天每人只有一兩個快件，送完之後，我們回到網站拆了貨架，把公司要回收的雜物都打包好，然後在助理的指導下填完了離職表。做完這些以後，助理告訴我們，一會兒有S公司的人過來招募我們。因為我們是熟手快遞員，對周圍的片區很熟悉，在S公司看來，我們要比從社會上招聘的人靠譜得多。但是我們都對S公司不感興趣。

尤其是我，很擔心來的人會是L經理，因為他是S公司梨園地區的負責人，他的辦公室離我們網站還不到一公里。無論如何，我不想在這種時候、這個地方、這種情形下和他見面。所以我和大家一起提前走了，只留下助理一個人在網站裡等候。他無助地問我們：「你們都走了，一會兒S公司的人來了我說些什麼呀？」

在品駿最後的那段日子是輕鬆的，來自工作的壓力似乎全部消失了，幹活兒的時候也不再心急火燎。早上我們裝好車後，甚至還聊會兒天才出發。在這之前的一年多裡，我每天都按固定的路線派件——新城陽光、孫王場、金成府、玉蘭灣、京通羅斯福廣場、金成中心、家樂福、瑞都國際中心、瑞都國際北區、瑞都國際南區、弘祥 1979 文創園、東郎影視產業園、旗艦凱旋、海通梧桐苑——這對我來說是最合理也最高效的順序。有些時候，甚至我不按這個順序就無法完成當天的工作。

但現在我可以試著反過來走，儘管會多耽擱些時間，甚至先跳過中間的一些地方——我反過來走的話，路過兩個產業園時客戶都還沒上班——然後再折返回去。我的時間突然變得寬裕了，就像一個曾被人看不起的窮光蛋一夜暴富，我可以報復性地享受一下揮霍時間的奢侈。因為我被所謂的分秒必爭壓迫很久了，一直以來我的時間都是緊繃繃的，就像我的神經一樣，只能左支右絀地應付工作。這時我才發現，原來我還從沒見過早上八九點鐘的海通梧桐苑和旗艦凱旋小區，而我在這些地方都工作一年多了。如今我到達每個地方的時間都和原來墨守成規的不一樣，看到和感受到的也因此不同。事實上我發現自己正用一種全新的眼光看待這份工作——這不僅是習慣的改變，或者時間和空間的對應變化，而是不帶目的性地、從一種我從前因為焦慮和急躁而從沒嘗試過的角度去觀看事物——我不再把自己看作一個時薪三十元的送貨機器，一旦達不到額定產出值就惱羞成怒、氣急敗壞。

有天我在旗艦凱旋里送貨，這是個我喜歡的社區，儘管它有些破落，但裡面地方寬敞，居民不算多，環境很安靜。最重要的是，這裡可以把快遞三輪開進去，因此它是個對快遞員友善的社區。

那天我站在一個單元門前，正在門禁鍵盤上逐個地輸入房號數字。不難想像，鐵門背後的某個屋子裡會突然響起刺耳的鈴聲，同時安裝在門邊的可視對講屏會亮起來，我的頭部或半身像出現在螢幕裡——視我站位的遠近而定——正尷尬地盯著攝像頭看，難掩焦急地等待著屋主的發落。這常常不是一件有趣的事情，尤其是對於我和屋主來說，彼此都是陌生人。屋主可能正專心地做著自己的事情，對此安靜的環境是不可或缺的。甚至這可能是一個剛上完夜班、正沉浸在睡夢中的人，鈴聲粗暴地打斷了他的生活，於是他皺著眉頭，惱怒地走到螢幕前，想看看到底是誰在興風作浪。這樣就不難理解，為什麼在我的經驗裡，多數屋主在門禁對講機裡的語氣都是惡狠狠的了。

那天我揿響的是一戶 101 房的門鈴。那個單元有六層，每層兩戶，從單元門進去幾步遠，左邊就是 101 房，而右邊隔著樓梯是 102 房。我清楚地聽到急促的鈴聲同時在對講機裡和 101 房裡響起，然後有一個男聲問我是誰。雖然我們之間隔了兩層門，但他離我實際上只有幾米遠。在我回答了他之後，他就開始為我開門了。在他的可視對講機上，有一個開門的按鍵，這個按鍵顯然是機械式的，因為當他摁下去的時候，我能聽到響亮的「啪嘰」一聲。我每天在這個社區送貨，發現這裡的門禁開關普遍存在接觸不良的情況，經常要反復摁多次才能把門打開。也有些屋主大概厭倦了和這些按鍵周旋，在問過我是誰後，就親自跑下樓來給我開門。

可是這次我遇到的這位屋主，顯然是個百折不撓的人，一個在原則上決不輕易讓步的人。他很清楚這個按鍵時靈時不靈，因此他沒有奢望事情會一蹴而就。他一上來就疾風驟雨般地連擊按鍵，於是對講機裡傳出一陣連綿而密集的「啪嘰」、「啪嘰」聲，好像有一群小鴨子邊拍打著翅膀邊撲向水裡。由於他在不懈地努力著，我只好盡力地對著鏡頭綻放出包含著鼓勵和期待的微笑。這樣，當這位藏身幕後的爵士鼓手邊打著鼓點邊看向螢幕時，就會感到自己的付出無疑是值得的，有人正被自己的努力所感染，一心一意地準備著迎接那個高潮的到來——也就是門被打開。於是他似乎變得更有幹勁了，一條忽的停頓是為了給接下來更猛烈的敲擊作鋪墊，精彩的段落恰到好處地帶出更精彩的段落，而更精彩的段落向觀眾發出挑戰，看看是觀眾被繃緊的神經能撐得更久，還是那因被壓抑而遲遲不來的高潮能推延更久。

作為這場精彩演出的唯一觀眾，尷尬逐漸爬上了我僵硬的臉龐。時間一秒一秒地淌過，我很難一直保持著從容自如的微笑。可是假如我這時突然不笑了，就要比一開始就不笑還糟糕得多。用一句現成的話來形容我的感受就是，時間仿佛靜止了一般，每一秒都好比一年那麼漫長。半分鐘過去了，接下來是一分鐘——這到底有完沒完？我哪怕入戲再深，也到了該醒醒的時候了。我甚至開始懷疑，這個屋主或許是在故意作弄我，從一開始他就沒有打算開門，並且為了懲罰我，他故意策劃了這一齣表演，旨在既不和我撕破臉，又能讓我知難而退。這個時候，在我的身體裡面，有一個比我本人更小，但無疑更誠實和無畏的人已經忍不住破口大罵了：你個傻逼就是走出來給我開門都用不了十秒，再看看你摁開關摁了多久！

可是，不得不承認，這個世界令人寬慰地還存在著一些超越諸如優劣利弊、得失盈虧等向來被我們篤信的功利法則的價值信條；有些人因為各自莫名其妙的原因遵從著旁人無法理解的原則處世為人，並且也能獲得一個安穩的立足之地，這讓人願意相信世界確實有可能變得更好。基於一種我自己也說不清楚的博愛精神，我還是等到了開門的那一刻。我拉開門走進去，屋主已經守在家門口了。他是個四十歲左右的中年男人——順帶一提，四肢健全。我把他的快件遞了過去，他接過並謝謝我。我禮貌地對他說：「您客氣了。」

日子開始過得輕鬆和愜意後，我試著和客戶們相處得更好——儘管開始得有點兒晚，因為我即將要和他們告別了。對一些客戶我是懷有感情的，雖然還算不上是朋友，因為我們對彼此所知不多。但也不僅僅是業務關係，我覺得我參與和見證了他們的部分生活：他們居住的環境、他們的家人、他們的寵物、他們各不相同的性格和待人接物方式以及在唯品會上的消費內容等等。我嘗試帶著玩耍的心情，當然是善意地，用謙卑得過分的口吻和他們說話。當他們不在家的時候，我問他們幾點回來，假如我等不了，我就說：「沒有關係，我下班後給您順路帶過來吧。」實際上我並不順路，我下班回家不經過所有我工作的社區。我專程多跑一趟，僅僅因為我心情好、時間充裕，還有些好奇：假如我不計成本地滿足他們的要求，他們會受寵若驚嗎？

事實證明只要我不在乎自己的工作效率，也就是說不計較付出回報比的話，那麼幾乎所有客戶都很好相處，都懂得對我綻放真心的笑容。這證明了假如沒有利害得失，這個世界確實可以變得和諧融洽。然而即使如此，我也沒有用完我的所有時間。於是在下了班之後，我又重新拿起了書來讀。我讀了羅伯特·穆齊爾的《沒有個性的人》，這花了我近一個月時間。我讀得很慢，有時讀著讀著分神了，我又回過頭重讀。然後我又讀了詹姆斯·喬伊斯的《尤利西斯》。這兩部書都是我從前讀過但沒讀下來的。我已經有幾年沒讀書了——不是完全沒讀，是讀不了費力的——因為工作的緣故，我讀不進去，而且也不想讀。

在工作的最後幾周，我經常在送完所有快件後，坐到京通羅斯福廣場里，打量逛街的人流和店鋪裡的售貨員，看不同的送餐員跑過來跑過去。我打量他們的舉止，揣摩他們的心情，我猜他們中的大多數人在被我觀察時都是麻木的，腦子裡什麼都沒想，什麼都沒感受到，只是機械地動著，就和我之前一樣。我還發現當我獲知我很快就要脫離這份工作後，我的大多數感受都是正面的、美好的，我變成了一個比原來的我更好的人——最起碼比在之前工作中的那個我更好——更溫和，更平實，對人也更有耐心。這說明我其實討厭這份工作，甚至討厭所有我做過的工作。當我被迫去工作的時候，我很容易煩躁、怨恨、滿腹牢騷，而且總是不公正地把我每天伺候的客戶看得比真實的他們更自私自利、蠻不講理和貪得無厭。

當然我不總是個糟糕的快遞員。相反，我除了不喜歡也不善於和客戶溝通以外，其他方面我可能都是網站裡做得最好、最認真負責的。我並非能力出眾，主要是我從不多攬活兒——有的人為了多掙錢會吞下自己照管不過來的地盤，然後頻繁地被投訴——也就是說，我的收入並非最高，甚至都不屬於網站裡收入高的那幾個人之一。但是我覺得客戶在評價一個快遞員好不好的時候，很少會考慮到他收入高不高這個方面。

在結束工作之前，我發了一條朋友圈，僅客戶可見，告知了品駿快遞的解散，還有我將不會再負責唯品會訂單的配送。很多顧客在微信上給我留言，稱讚了我的服務態度，並且感謝我此前長久的付出。這令我對自己的工作評價也隨之提高了一點兒——此前我一直感覺自己做得實在糟糕。其中一個顧客說道：「你是我見過的快遞員裡最認真負責的。」——我對她的印象其實不是十分深，所以從沒想過她對我的評價會如此之高。不過我相信她是真心誠意的，因為她和我已經沒有業務往來，很可能以後都不會再打交道，她沒有必要違心地奉承我。所以我想可以用這句話來總結我這段快遞工作經歷，它並沒有誇大其詞：

我曾經做得比一些客戶見過的所有快遞員都好。

第3章

在上海打工的回憶

01：便利店

二〇一三年春，我剛到上海，在欽州北路的一個社區裡，租了個一樓的隔斷間。那個房子陰暗、潮濕，不過是房東直租的，不經仲介。和我同屋的還有兩戶人，廳廁公用，沒有廚房。我的房間最小，租金也最便宜，實用面積約有五平方米，有一張床、一個衣櫃、一張寫字桌，其餘就沒了。寫字桌緊挨著床放，所以不用椅子，坐在床沿就可以。租金是一千五百塊。

工作是在58同城上找的。當年的58同城不像今天這麼多騙子，用來找工作，尤其是找不需要文憑的工作很方便。我一般只找聽說過的企業，比如後來我做快遞，就找了D公司和S公司。雖然知名企業也有各種問題，但踩雷的概率更低。

最後我選擇了C便利店。

上崗之前要先到公司培訓，地點在市北高新工業園，C便利店的總部藏在一棟不高的寫字樓裡。和我一起培訓的有十幾個人，培訓完後進行一次實操考試：一個主考官以正常語速念購物清單，這些不同的清單囊括了便利店所有日常業務和操作，我們則在模擬收銀機上即時操作，最後得出的實收金額無誤即過關。考試的難度其實不大，但還是有幾個人沒能通過。沒通過的人可以參加下一輪培訓，或者去找別的工作。

根據我的住址，公司把我就近分配到了徐匯區某分店。店長是個江西人，女，三十多歲。我去報到的時候，她向我介紹，店裡現有四個人，全是女工，向公司申請來一個男工——也就是我——是來上長期通宵班的。當然，她沒有強迫我，只是在徵求我的意見，我也可以拒絕。但我喜歡上通宵班，因為晚上顧客少。我主要負責的工作：凌晨收一次貨，然後搞搞店面清潔，尤其是熟食攤的清潔會比較費工夫。到了第二天早上，再準備關東煮、麻辣燙、蒸包等熟食以及豆漿和咖啡等飲料。

開始上班前，我還不知道工資有多少。人力資源部向我介紹過工資結構，但裡面有部分和店面營業額掛鉤，我沒法推斷。後來同事告訴我，扣除社保後，她們拿到手的月薪大約是三千塊出頭。因為上通宵班，我會有一點兒額外的補貼，能比她們多拿四百多。

即便如此，在支出我的房租一千五百元後，每月能剩下的也就兩千元出頭。住處沒有廚房，我只能吃速食，每天三頓得花三十元左右。這兩千元支出了伙食和日用後，剩下的就不多了。大概因為這個緣故，店長告訴我，貨架上過期的便當我們可以吃掉。這其實是違規操作，過期便當應該銷毀處理，由店長簽字履行。可是真的按那樣執行，員工就會因為收入過低而流失。作為基層小領導，店長不希望屬下頻繁地更迭，所以這些免費的過期便當，她用來幫助我們減少支出。除了便當，所有飯糰、手卷、拌麵等冷藏主食，只要過了保質期，我們都可以吃。有一天，店長甚至給了我一盒一升裝的過期牛奶。

我每天晚上去上班，早上下班。我記得公司規定，我們每週的工時是六十個小時。不過店長告訴我，如果按照六十個小時執行，店裡就得再增加一人，那麼大家的收入都會降低，也就是三千塊都拿不到了，所以她向來按照每人每週七十二個小時排班，多勞多得。我說我也沒問題。實際上我不能拒絕，這個是大家共同的決定。（因為時間久遠，記憶模糊，這裡提到的工作時間可能稍有偏差。）

便利店的工作不累，但比較枯燥，晚上的時間很難打發。熟食攤很油，我就慢慢刷洗；門面是一大塊鋼化玻璃，我就拿報紙和玻璃水反復打磨。當時旁邊有家「辣府」，大概是做川菜的，營業到很晚，裡面的夥計有時會來聊天。可我和他們還不熟，而且我很不健談。

我在這家C便利店只做了不到十天。

有一天早上，大約六點多，早班的同事還沒來，店裡只有我一個人。這時走進來一個中年婦女，跟我買了杯豆漿——她就是我後來的老闆Y。

Y在附近開了家運動自行車店，其實她不是為了買豆漿而來，而是為了招募我。她店裡的收銀員黑了她的錢，剛剛跑路了，現在她著急要招人，甚至等不及發招聘資訊，而是一個早上把周圍兩百米內的四家便利店——羅森、全家、7-11、C便利店——的收銀員都招募了一遍。

Y很健談，我只要安靜地聽，幾乎不用說什麼。她告訴我，四家店的營業員裡，只有我自覺地戴了口罩。這個其實是每家公司共同的要求，但對於通宵班來說，可能執行得不嚴格。她給我開的工資是底薪三千塊加提成，而且可以住到她的店裡——真正吸引我的其實是住在店裡，我可以由此省下每月一千五百元的房租。不過她主動承諾的五險，後來並沒有兌現，而是買了一份商業團隊險代替醫保。按照她後來的說法，社保其實是坑人的，只要有醫保就夠了。大約在半年後，有次我在整理倉庫時，被從高處滑下的沙發砸到了眼角，去瑞金醫院縫了幾針，確實享受到了這個團隊險的全額賠付。

因為Y要人要得很急，我沒辦法按正常手續離職，店長起先要我做滿一個月，後來大概擔心我馬虎應付，反倒給她惹來麻煩，所以兩天過後，她批准了我立刻離職。但是有同事告訴我，我已經進了公司的人力資源黑名單，以後都不能再入職C便利店了。

我之前也辭過很多工作，但這次是最感愧疚的，我覺得虧欠了那個店長。因為後來我還在附近上班，過了幾天，我買了些水果，想送進去給我的那些短暫的同事和店長，順便表達歉意。可是臨到店門口，卻始終鼓不起勇氣進去，在馬路對面徘徊了十幾分鐘，最終還是放棄了。那些水果最後統統被我自己吃掉。

我退掉了欽州北路的房間，因為沒有住滿租期，按照合同規定，已付的當月租金和押金不退，那是兩千多塊錢呢。我約來了房東，向他如實說明了情況，然後我告訴他，我的錢不多，發工資還早，希望他手下留情。他二話不說給了我兩百塊，這事就這麼了結了。

02 自行車店

後來，我在Y的店裡做了一年多，幾乎每天都要路過那家C便利店，我總是快步閃過，從不敢在店門外停留。有時和我同行的同事要進去買東西，我就躲在遠處等，他們都拿這事取笑我。再後來，C便利店還把我工作那幾天的工資打給了我，原本我都打算放棄不要了。所以說，找知名大企業還是有好處的，他們一般都依章程辦事，不會區別對人。

Y的車店其實問題很多，留下的員工士氣也很差，並不僅僅是跑了個收銀員那麼簡單。她經營的是一個高端美國品牌，當時在國內有一家直營店和三十幾家加盟店。她自己告訴我，在三十幾個加盟商裡，只有她一個在親自打理生意。這意思就是說，其他的加盟商，大多是出於對騎行的熱愛以及對這個品牌懷有的好感和信心，而不是完全把它當一門營生來做。他們在加盟和開店後，會請專人來打理門店，自己則原本幹嗎繼續幹嗎。

而Y甚至都不是一個車友，至少當年還不是。她其實不太懂車（不過她絕不會承認），但她確實也很有熱情，不過她的熱情可能不是對騎車本身有興趣，而是一種事業心以及通過事業獲得的社交滿足——她絕不是一個享受孤獨的人。假如她賣的不是自行車而是傢俱，那麼她對傢俱也會表現出完全一樣的熱情。

不過，Y畢竟是個有能力和精力充沛的人，通過參加公司定期的培訓，起碼在口頭上，在聊到車的時候，她什麼都能說上一點兒。我前面說她不懂車，只是相對于玩車的人而言，如果和普通人比，那麼她無疑也是專業的。她之前在一家外企負責市場工作，她的能力和性格完全是那種「top sales」（頂級銷售員）的類型：極其熱情、積極、樂觀、主動，鍥而不捨又百折不撓。她非常喜歡和人聊天，每當有顧客進門，我幾乎都能聽到她體內的多巴胺在湧動。對我來說，去和顧客打招呼，是一件要預先做心理建設的事，但對她來說彷彿就是一種至高享受。

不過她對車友倒是持保留態度，因為車友往往比她更懂車，她很難忽悠到。而且車友買東西比較慎重，會先把要買的東西研究清楚。再說車友大多對價格很敏感，喜歡反復比較，所以來看的多，掏錢消費的少，最後要買的時候也不在她的店裡買。用Y的話來說，「車友都很窮」。她常說：「我們附近平均房價十萬一坪，這些住戶才是我們的目標群體。」在她看來，把店開在金礦般的富人區，還惦記著窮酸的車友，顯然有違商道。所以她常年把一些通勤車型裝上幼兒座椅展示在店門外。而在車友看來，這些用來買菜和接小孩的車太low（低端），甚至有損我們品牌定位於尖端運動人群的形象。我們品牌推出少量通勤車型，其實也是向市場妥協的做法，但Y卻花很大力氣推這些妥協產品。她甚至摻雜著賣少量其他品牌的車，包括折疊車。當時我們品牌在中國的市場規模甚至不如在紐西蘭，大多數加盟經銷商都還沒能實現盈利，所以品牌對我們比較包容，並沒有嚴格按合同協定處罰Y的種種越軌操作。

Y特別喜歡那些年齡稍長、講究體面、消費力較強，且對騎車剛產生興趣但還沒入門的顧客。面對這類人，她有辦法讓他們從原本的「先瞭解一下」快速進展到購買行為。她有一種疲勞戰術：無論顧客提出什麼否定理由，她都能給出一個替代方案，哪怕有時是牽強的方案。而且她不是光動嘴皮子，她向顧客兜售的車型，凡是顧客沒有明確拒絕的，她都立即遣我們到位於隔壁社區負一層的倉庫，把未開箱的車子抬上來，然後當著顧客的面組裝，再讓顧客試騎——有時她會為一個顧客連裝四五輛車，甚至推遲一兩個小時關門（我們正常是晚上九點關門）。顧客親眼看見我們大費周章、汗流浹背，心裡已經有所不忍和感動，Y還在一旁不斷地熱情介紹和遊說。他們原本確也對騎車懷有一定的好奇或興趣，否則就不會進我們店了；不過在走進我們店門前，他們大多心裡抱有「多瞭解一些再做決定」的念頭，而Y竭盡所能地幫助他們即時做決定。她不喜歡顧客「改天再來」，除非她從顧客手裡收到了訂金。她認為世上超過一半的消費是衝動消費，如果人人都要思前想後，那麼就沒人會買東西了。

老實說，Y的工作風格，剛好和我互補。和她在一起時，我的壓力很小。我尤其害怕和顧客打交道，但只要Y在場，我根本不用和顧客打交道，她把我討厭的事情全都做了。而她讓我去搬搬抬抬，或者整理倉庫，這恰好是我喜歡做的。除此以外，Y的條理性很差，東西隨手亂放，事後又找不到。她經常同時做幾件事，然後忘記自己做過的事和說過的話。有次她收了顧客一筆訂金，因為忙就沒寫收據，口頭承諾了一番，結果轉頭就忘了。顧客來取車時，她完全沒有記憶，後來是我和另一個同事找到了顧客的刷卡紀錄，對上了賬號和金額。Y見了誰都像見到老朋友，有時候顧客確實認得她，但她記不得顧客，她也照樣親切招呼，口若懸河，很少露餡兒。Y還有種病態的焦慮，非常沉不住氣，經常朝令夕改。有次她給一輛車貼上特價標籤，過了幾個小時，她又把標籤除去了，還自嘲地說，打特價也沒人看，不如不打。結果又過了幾個小時，我看到她把標籤貼回去了，因為摘掉了特價標籤，同樣也沒有人看——其實本來就沒幾個客人進過店。她就是這樣反反復復，患得患失，像只熱鍋上的螞蟻：只要一項措施不是立竿見影，她就懷疑這措施有問題。她的情緒管理也足夠糟糕，已經有點兒臭名昭著——她時常對我們發火，事後又來道歉，可是沒過幾天又再犯，然後再道歉，如此反復，讓人覺得她的道歉毫無意義。

在以上這些方面，我都和Y相反。我性格比較溫和，情緒平穩，很少激動。我的條理性強，喜歡主動維持工作區域的整潔，在混亂的環境中我無法工作。因為有我在支援、收拾、安慰和提醒，Y的效率也提高了。

可是除我以外，店裡所有其他同事，可能兼職除外，都對Y的待人處事及工作方式深惡痛絕。和我不同，他們都是因為喜歡騎車才進入這個行業的，其實在下了班之後，他們就是Y不感冒的那類車友。按照他們的說法，在同行裡面，沒見過誰像Y這樣賣車的。在Y的手下打工，他們確實很忙，也很累，而且他們覺得做了很多無用功。他們討厭Y纏著顧客軟磨硬泡，並讓他們一輛接一輛地搬車和裝車。

他們說這是「苦肉計」，是「很 cheap 的 hard sell」（很低劣的強行推銷）。而且Y只是站著動嘴皮子，忙得滿頭大汗的是我們。假如碰巧顧客最後沒有買單，那就更印證了他們的看法：Y整天在沒事找事，害大家白瞎忙。

Y有時對我們也像對顧客一樣，滿嘴跑火車，亂許承諾，事後又反悔，鬧得很難看。事實上，我覺得Y不怕把事情鬧得難看，儘管她口上說害怕，但她的所作所為，大多數都是事前可以預見後果的。Y要仰仗我的幾個同事的專業技能，她雖然是老闆，但本質上是個 sales（銷售員），她的所有意識、能力和個性都圍繞著 sales 這個角色培養。在她看來，這個店首先是門生意——這其實沒錯——而不是興趣愛好。偏偏她要依賴的那些人——或許除了我——全是因為興趣愛好入行的。

我剛加入Y的車店時，她手下只有兩個全職員工J和S，他們都是技師。我有些驚訝地發現，他們對我的前任，也就是那個黑錢跑路的收銀員，報以一種理解和支持的態度。我以為貪污是一個是非黑白的問題，但在他們眼裡，Y做的事要比那個收銀員可惡得多。不過他們對我倒很好、很友善，因為我對他們也很友善。我什麼都不爭，也不反對任何人，是個好好先生。實際上後來我發現，他倆已經是Y請過的素質最高的員工了。在他倆後來相繼離職後，Y再找來的人專業水準都更低，品德也更差。

可是，在我剛剛加入時，Y甚至試過挑撥我和J的關係。她告訴我不要和J走得太近，因為J很快就會離開我們。J原本是我們品牌直營店的技師，這就相當於是官方的技師了。我們品牌的直營店和總部都在浦東，上海當時也是我們品牌在國內唯一有兩個店的城市。而Y把J高薪挖來做自己的店長。

可是，首先Y自己也每天待在店裡，她根本不需要另一個店長。其次J的性格也不適合從事管理工作，他很隨和、隨性，甚至自由散漫。他只是個技術過硬的技師，同時可以外出帶活動，無論是市內的公路騎行或周邊的山地騎行，他都同樣經驗豐富。我們這種品牌不能光靠賣車，哪怕上海的消費水準很高，幾萬塊一輛的自行車也不可能賣出很多。而且和手機不同，很少人會一兩年換一次車。所以相比而言，消耗品、裝備、體驗和服務等才是更重要的營收來源。那麼每週組織一兩次活動就必不可少了。

但是按照Y的說法，她給J開的是店長的薪資標準，所以J應該承擔起店長的職責。這是他倆之間矛盾的根源。Y剛接手這個店時，一方面心裡沒底，因為她當時不懂車，也不熟悉這個行業；另一方面她又非常樂觀和自信，她發現這個行業的很多經營者並不懂得做生意，普遍都太過隨性。

她曾不屑地告訴我，同樣作為外企，和她之前任職的公司相比，我們品牌總部的行政管理水準非常業餘、混亂和低效。我猜在她看來，我們品牌如果不是在自行車這個不溫不火的行業，而是在她之前從事的行業，那麼一定早已被競爭對手摁在地上摩擦了。那麼她投身到自行車行業，不就是人們常說的「降維打擊」麼？

因為上面這些原因，她高薪把J挖來，是想幹出一些成績的。但是她沒有料到，對於她安排給J的角色來說，性格和觀念的吻合可能比能力更重要。因為J達不到她的要求，她就處處針對J，這反過來激起了J對她的仇恨。

我不喜歡Y因為她和J的矛盾而要我站隊的做法，當然我沒把這告訴她：我反感被捲入一切人事糾紛，這令我過得不愉快，損害我的生活品質。他們之間的矛盾他們自己解決就好，我會保持中立，也只能保持中立。當然，在另一方面，J和S天然地把我看作自己人，因為我和他們一樣是打工者，而Y是老闆，是和我們從根本上對立的階級。下了班之後，我經常和S，還有後來加入的同事一起，去襄陽南路和永嘉路路口的小店吃麻辣燙。

和大多數老闆一樣，Y也見不得員工閒著。假如店裡沒有顧客，她就會找事情給我們做，比如搞衛生和盤點。由於一些歷史遺留原因，我們的庫存非常雜亂，而且在我工作的一年多裡，倉庫前後搬了兩次。後來她要我們每週盤點一次，但我們從來沒真正做到過。

這就是老闆帶隊和職業經理人帶隊的區別：比如我在C便利店時，只要把分內事做好，剩餘的時間閒著就閒著，店長不會說什麼，甚至店長自己也閒著；可是假如由老闆親自帶隊，她看見員工閒著，就會覺得自己吃虧，無論如何都想讓員工動起來。

作為名義上的收銀員，我發現店裡的收銀系統非常落後，而且殘留了大量冗餘和無效資料，熟悉情況的當事人又不在了，已經無法甄別和剔除。因為店裡人手少，日常分工其實很不明確，每個人都可以操作收銀機，而我經常要離開收銀台到倉庫找貨，或去接待顧客、陪顧客試騎等，因此忙起來的時候，大家賣出的貨品經常忘記出庫掃描。還有一些貨品，比如頭盔，條碼只印在盒子上，當顧客試戴多隻後，經手人常常胡亂地把頭盔塞回盒子裡，導致盒上的條碼和盒裡的頭盔款式不一致，之後賣出時出庫掃描也跟著出錯。而在這些方面，Y不但不能以身作則，相反她破壞性最強，因為她向來粗枝大葉、不拘小節。林林總總的原因疊加，導致我們的收銀機只能用來打打小票，系統裡的庫存數根本不準。

我們的常規工作時間是「996」，正常來說，每天晚上九點關門。但是常常會有顧客九點還逗留在店裡。如果不是由Y親自帶隊，那麼對一些購買意向不強的顧客，我們可以請他們明天再來。但是在Y的帶領下，有任何顧客在店裡，哪怕只是個趿著拖鞋背著手散步散進來的大爺，我們也不能打烊。有時候我都分不清Y是愛這份工作還是恨這份工作，我覺得她有些做法像是在懲罰自己，順帶也懲罰我們。我們打工人當然不喜歡加班，何況J、S和我都是天性比較散漫、缺乏進取心的人，我們都不喜歡做銷售。Y自己是店裡第一順位的銷售，在她應付得來的情況下，我們也不會有成交提成，所以從經濟角度考量，我們加班其實是白加。

大概因為這些緣故，Y很重視團隊建設。但我們店每天都要營業，不能關停，所以她主要採取下班後聚餐的方式。那一年我跟著她吃了不少好東西，有一次甚至還吃了海鮮自助。天哪，那次好像是在一個星級酒店的頂層或類似的地方，環境非常優雅，我卻穿了一件汗漬斑斑的工作T恤。在高檔場所我一向很拘謹，總覺得自己哪裡露出了馬腳，正被人暗暗取笑，有時連服務員的目光也能傷害我，所以我其實並沒盡情享受那些福利。後來每當Y問我想去哪裡吃，我都說去薩莉亞。雖然薩莉亞不能和海鮮自助相提並論，但我不必吃得提心吊膽、瞻前顧後，在薩莉亞我很放鬆和滿足。

Y一方面不樂意看到我們有片刻空閒，有時甚至拿一些沒意義的差事消磨我們；但另一方面又很捨得花錢請我們吃飯，希望和我們搞好關係。其他車店的老闆大多不會這樣。Y有一種過度行為的傾向：一邊過度地施予；一邊過度地索取，一邊過度地傷害，一邊過度地補償……總之，她很難心平氣和，她活在一種持續的激動中——她是個天生的鬥士。

當時店裡除了Y、J、S和我以外，還有幾個常來幫忙的兼職。其中一個大學生L，開著寶馬來上班，但是在上海，他還算不上富二代，只是家裡經濟條件比較好而已。他非常優秀，專業知識扎實，善於溝通，動手能力也強，還能在業餘公路、「鐵三」比賽中拿到好成績。Y出錢送他到公司總部參加了Bike Fitting（單車量身設定）培訓，在很長一段時間裡，他是我們店唯一的Fitting（量身設定）技師。L的客單價一般都很高，Y會把一些比較專業或預算很足的顧客轉給他，讓他主推高端車型。因為L自身是運動員，他更熟悉車的性能和利弊，當他現身說法的時候，顧客更容易信服。而Y則在對付小白和門外漢時更加得心應手。

大約在J離職前後，Y又招來了D，後來又招來了W。W來了一段時間後，S也離職了。之後Y又招了一些人，但任職時間都不長。D原本在一家外企做醫藥代表，因為喜歡騎車，所以辭了工作，想開一家車店。原本Y答應過他，將來吸納他做合夥人。但是過了不久，Y開始對他的工作態度感到不滿，然後她反悔了，連同其他的一些許諾也收回。

D認為自己被Y騙了，非常氣憤。和Y鬧翻之後，在二〇一四年春節期間，他趁Y不在上海，從倉庫裡偷走了幾輛車，按售價折合四萬多元。更絕的是，偷了車之後，他還回來向Y追討拖欠的提成，因為他知道Y手上沒有自己盜竊的證據。

那年春節我們店鋪恰好在升級裝修，店裡所有貨品都搬進了倉庫存放，把不大的倉庫完全填滿，裡面的東西堆得亂七八糟。而D可能早就配了鑰匙，偷車時沒有破壞門鎖，加上他偷的車原本並不展示在店面——有一輛是顧客付了訂金的，還有一輛是顧客寄存的——所以我們過了一個多月才發覺車丟了，而倉庫外面的物業監控攝像頭只保留十四天的影像資料。

儘管沒有證據，但所有人都知道車是D偷的。首先他一直在店裡偷東西。其次他很熟悉我們的倉庫，可以完全不留痕跡、無聲無息地把車取走。還有，他很清楚我們店鋪在裝修、倉庫裡很亂、Y也不在上海這些資訊，這是下手的絕佳時機，外人很難掌握得這麼準。此外，丟失的幾輛車都是他平常最惦記的，包括兩輛梅花牌（Colnago）的單速公路車（光這兩輛就值三萬多）。D是店裡唯一的「死飛黨」，向來鍾愛復古公路車，其他人未必對那幾輛車感興趣——他也只是收藏，不會拿出來騎——何況倉庫裡還有價值更高的車型。

實際上在此之前，D帶著W已經侵吞了店裡很多裝備和零配件。有時候他們就直接把東西拿走，有時則虛報為給顧客的贈品，然後自己昧下。最初的時候，D甚至不避諱我，就像他做的事情光明正大，肯定會得到我的支持一樣。我確實沒有告發他，但也沒有給他便利：我只是裝糊塗，假裝不明白他想侵占，叫他有空把拿走的貨品結一下賬。這之後他就明白了：我不想參與，但也不會阻止他，後來他再做這些事時就背著我了。W則在店裡接私單，一些熟客來找他維修或保養車子，他收下錢不交到店裡，這實際上屬於貪汙了。

J和S很清楚D和W做的事，他們不參與，但也不反感。事實上撇開品德不說，D和W私底下都是好相處的人：W大大咧咧，D則友善風趣。除此以外，在對自行車的愛好方面，J、S、D、W有共同的語言，聊天話題很多。在J和S看來，D和W肯定要比Y更親近，更值得同情，所以他們和我一樣沒有告發也沒有阻止D和W。我猜他們對在我之前跑路的那個收銀員，持有的也是同樣的態度。

我在和D共事期間，曾一起在張江高科參加了一期公司的基礎知識培訓，又一起到廈門出席過我們品牌的年度總結暨新品發佈會，都是由Y支付的費用。去廈門的那次，我們住在星級酒店，吃得也很好，除了開會外，我和D還結伴遊覽了鼓浪嶼和臺灣小吃街，品嘗了多種帶有撲鼻的海洋風味的特色小吃。其中有包著蟲子的果凍、裹著海蠣的煎蛋餅、浮著花生米的甜糊、成分不明的包餡兒魚丸等，味道大多一言難盡，吃後絕對記憶深刻。

不過我沒有告發D和W，倒不是出於和他們的交情。說到底，在店裡我只是個打雜的，不是什麼不可或缺的角色。而店裡所有同事已經同仇敵愾地反對Y了——我可能是其中最不討厭Y的人，因為我在車店畢竟比在C便利店掙得多，工作內容也更有趣——假如我向Y打小報告，必定會被所有人鄙視和孤立，那麼這份工作我就做不下去了。

儘管D有污點，但他卻是店裡唯一愛護Y養的狗的人。那條狗叫作Lucky（它不必用化名），當時（二〇一三年）剛一歲，非常好動，調皮搗蛋。它幾乎每天都挨J、S、W的揍，有時甚至被揍到小便失禁。Lucky剛出生時被人遺棄在我們店門外，Y把它收養了下來。它是條折耳的雜種狗，一身黃棕色短毛，下腹和四爪是白的，嘴頰窄長，耳朵耷拉下來；它的腰很細，體形像獵狗，跑起來速度很快，我都追不上。

Lucky 取錯了名字，它非常不幸，起碼當年很不幸：面對一群又累又恨、滿腹牢騷、怨氣沖天的店員，而它是老闆養的狗，這已經是彌天大罪，何況它還經常搗亂，那麼下場就可想而知。然而D從來不打 Lucky，相反經常帶東西餵它吃，有時還主動帶它出去遛。

我也沒打過 Lucky，但我對它喜歡不起來，我頂多只是發一下朋友圈，含沙射影地對那些打狗的同事表達不滿。我勸Y給 Lucky 找一個收養人，Y同意了，可是我問了好些人，並沒人願意收養 Lucky。畢竟它不是一條純種狗，而且我能接觸到的人不多，具備養狗條件的就更少了。因為我住在店裡，遛狗自然就成了我的責任。每天晚上關門後，大家都回家去了，我還要做當天的賬，然後牽 Lucky 出去遛，看它得意地到處撒尿，然後拿報紙撿它熱烘烘的大便，我真的活得比狗都窩囊了。等這些事情都做完，往往已經是十一二點，感覺完全沒有了私人時間和自由。

我在店裡住了半年，後來W也住了進來。我不喜歡和人合住，不久後就搬了出去。通過仲介，我在萬體館南邊的宜仕怡家社區找了個高層的隔斷房，裡面五個房間各住一人，廳廁公用，沒有廚房，租金一千八百塊，這時我的收入已經可以承受。我的房間朝東北，窗外是內環高架，對面是萬體館。

這段時期，我在工作之餘喜歡繞萬體館慢跑，一般每次跑十公里，也跑過一次二十一公里（「半馬」）。我還喜歡逛萬體館裡的聯華超市。休息日我則常到宜家打發時間，因為宜家有空調，離我社區只有幾百米。我喜歡縮在宜家的沙發裡睡覺，最早這是沒人管的，後來資本家脫下偽善的面具，專門派保安來叫醒我們——因為裝睡的人叫不醒，最後被叫醒的總是我這種真睡著的人。我雖然不買傢俱，但經常買它一樓食超的優惠裝Absolut Vodka（「絕對伏特加」），一般是一瓶酒加一瓶果汁，打折後賣一百塊左右。晚上我就坐在自己房間裡的窗邊，邊喝酒邊看外面繁華的夜景，這種時候我的內心竟然出奇平靜。當然，也可能是酒精使我變得遲鈍了而已。

之前我住在店裡的時候，每週有一天休息，一般是週一到週五中的某天，假如我那天留在店裡，Y就會不斷地叫我幫忙，所以輪到我休息我都外出。那段時間我遊覽了上海周邊很多地方，比如蘇州、杭州、無錫、周莊、烏鎮、西塘等，大多是報旅行團的一日遊，早上七點從萬體館南邊的上海旅遊集散中心出發，同團的除我外都是大爺大媽。我記得團費很低廉，幾乎都是幾十塊，還管一頓午飯，途中會參觀幾個購物點，即使不買東西導遊也不會對你冷嘲熱諷——不過我一般會買些便宜的特產食品。

除了跟團遊以外，我還會坐地鐵遊上海的郊區。我記得有次去了松江的醉白池和方塔園，在裡面坐了一天。還去過松江新城一個叫泰晤士小鎮的地方，那裡面有個湖，還有個教堂，我去的時候有十幾對新人在拍婚紗照。還去過嘉定一個叫古漪園的園林里的餐廳吃南翔小籠包。當然我也逛過市中心的豫園、外灘、南京路、人民廣場等。這些地方都是同事推薦的，對我來說可以打發一天時間，留下一些回憶，就是珍貴的收穫。

而在周邊城市和上海郊區以外，我最常去的一個喜歡的地方是復興公園，這從我們店走路就能到。公園裡有露天的茶肆，不過我沒嘗試過。我發現喝茶的都是些老人，而我正值打拼的年齡，應該為建設社會不遺餘力，坐在公園裡喝茶未免可恥。我比較喜歡坐在沉床花壇旁的木凳上看書，有時也會躺下來睡一會兒。

我一般都帶著驅蚊水，逗留到天黑也沒問題。在復興公園我看見過穿著熱褲和抹胸、模特身材、相貌姣美的外國女孩躺在草坪上曬太陽。對此我在心裡嘖嘖稱奇，可是為了保衛自己的尊嚴和禮貌，我從沒專門看過她們，甚至路過時還故意目不斜視。而令我吃驚的是，旁邊的大爺大媽對她們也視若無睹，根本沒人停下來打量兩眼。由此可見上海這地方多麼洋氣，這裡的人都見過世面的。

因為要賣車，自己就得騎車，山地活動我沒機會參加，公路騎行倒是經常去的。跟店活動的時候，我會騎一輛我們品牌的鋁架公路車。自己一個人時則騎一輛很舊的組裝公路車。這兩輛車都是Y給自己人準備的，都是很入門的車型。我儘量不碰賠不起的車，因為摔車是難免的，比如在我剛上鎖鞋的時候。有一次我摔倒擦破了臉，因為傷口感染，嘴唇腫了好幾天，大大地出了洋相。

我獨自騎車一般在龍騰大道，那裡離我們店不遠。今天的徐匯濱江綠地南端，當時到了晚上是一個小型的騎友聚集地，不但有騎各類自行車的，也有騎大排量摩托的車友，在那裡分享、交友和玩鬧。我在北上廣都生活過，上海是騎行文化最繁榮、騎車氛圍最好、騎友最多的一個城市，儘管和歐美相比還遠遠不如。

Y經常慫恿我買車，她說要以進貨價賣給我，她覺得我沒有自己的車，就不會在這份工作上長久地幹下去。可是即使是進貨價，那也最少是我一個月的工資，這還不算配件升級和裝備的費用。這麼大筆的支出會讓我損失一些安全感，所以到最後我也沒有買。

二〇一四年的春節前，我接仲介通知，我住的房子要被銀行收去，我得趕緊另找住處。於是我搬到了零陵路的一個小區。這個房子只有兩個房間，另一個住客是房產仲介，他就是我的二房東。我的租金是兩千三百塊，這時Y主動提出每月給我多發五百塊補貼，以應付增加的支出。不過我和二房東處得並不好。一般來說，合租房不能留人過夜，否則對其他住客不公平。雖然這沒有明文規定，但在上海這樣的文明城市，大多數租客都清楚這一點，並且會自覺遵守。可我的二房東卻接了兩個同事來合住，而且沒有事先和我打招呼。我不知道這兩人打算住多久，大約兩周之後，我為這事和他們吵了一架。那兩個人很快搬走了，但我再和二房東碰面，難免會覺得有點兒尷尬。

另一方面，在車店裡，J和S這時都已經離職了。D和W則因為要背著我偷東西，和我始終有一層隔閡。只要他們偷，而我不偷，那麼哪怕我不告發他們，他們也不會把我當自己人。而且他倆的綜合素質確實不如J和S，這不僅是指專業能力方面，也包括品德操守方面。J和S比較憨直，都是老實人。J是個資深技師，同時也喜歡玩車，公路、山地、街車他都玩得來。S是個技術宅，喜歡搗鼓車多於騎車，私下裡他是個「山馬黨」，也就是騎著山地車軋馬路的人，純屬湊熱鬧。他倆是我更願意接近的那類簡單的人。D和W則比較滑頭，更像是混社會的。D喜歡復古的窄管公路車，他是個「死飛黨」，有一定動手能力，但達不到技師水準，尤其是不熟悉山地車。W則是個水準和經驗比較稚嫩的技師，在老家開過一家自行車店，因為經營不下去，才到上海來打工和提升技術，剛來時他就跟著J和S學藝。不過話說回來，他們都不是壞人，就我人生經驗所及，他們只是處在社會平均水準，甚至在多數車友看來，他們比Y還要更和善。

而在D和W相繼離開後——D和Y鬧翻了，W則因為不服從工作安排並頂撞Y被解雇——Y招來的新人也大多有問題，而且有的也偷東西。S因為離職後一直宅在家裡，沒去找新工作，於是被Y叫回來幫了幾個月忙，後來再次離開。S是個心思簡單的人，喜歡鑽研技術，而Y開給他的工資也遠沒開給J的高，所以

Y一直很喜歡他，千方百計想留住他。

這時我已經成了店裡資歷最長的全職員工了，儘管我其實只做了一年而已。Y私下詢問我的意見，說想把我升做見習店長。但我回想起之前J的遭遇，立刻就回絕了她。實際上這時店裡的人員，也不是我可以管控住的。我和Y都不懂技術，只有基礎理論知識，沒有動手能力，我和她組成的管理層，還是要依賴技術人員。就我所知，外行管內行，大多都會出問題——在這個最重要的方面，我和她沒有互補性。偏偏Y的一些處事方式，幾乎肯定會和新員工產生摩擦，實際上新的烽煙已經升起，加上我自身的性格弱點（老好人），可以預見接下來的合作會更加艱難和不愉——我夾在對立的兩方之間將度日如年。

其實我特別難過的是，Y一直很勤奮，她長期每天只睡四五個小時，像打了雞血一樣投入工作。可是她的員工都和她對著幹，哪怕她經常請客也無濟於事。甚至那些和她對著幹的人，大多也不是壞人，不是難相處的人。因為她的店和公司總部在同一個城市，她就經常跑到總部協調各種事情，努力爭取自己的權益。於是我從不止一個來源聽說，總部的人見到她來就頭痛。她在公司乃至車友圈裡名聲都不太好，因為她太積極和活躍，大家就說她唯利是圖、貪得無厭；因為她把車店完全當生意看待，大家就覺得她不是自己人，而是一個外來的商人、資本家。但她其實並不富有，她的錢是自己拼搏得來的，她出身的家庭並不富裕。從當時的情形看，我對她確實有用，因為我和她一樣，不屬於騎友的圈子，我不會帶著先入之見看她，我可以和她在商言商，不談對騎車的情懷和熱愛，只談怎麼對付競爭對手。此外在工作方面，我服從性強、任勞任怨，她和我搭檔要比和其他人搭檔輕鬆得多。但是這些利好的方面，正如我上面所分析的，不如利空的方面更具決定性。她會和所有人捲入鬥爭，而我正逐漸被夾在中間，眼看就要兩頭不討好了。

Y的想法有些方面複雜，有些方面又很單純，甚至令我無語。比如她曾經試探著問我，會不會去找別的工作，我告訴她不會，除非我決定離開上海，到別的城市去。於是她就開始慫恿我在上海找個女朋友，甚至還暗中幫我牽線搭橋……

二〇一四年春夏之交，我向Y請辭，然後離開了上海。她嘗試過挽留我，對我許了一些承諾，但是基於我對她的了解，她在許諾的時候，並不會把她將因此要求我交換的條件明確地告訴我，而這將成為她日後反悔的肇因。而且即使我願意肝腦塗地，我的能力也應付不了她的生意面臨的局面了。或許她最好是從根本上找到另一種和現在不同的運營方式，比如找一個懂技術的合夥人。

我曾有過很多雇主，也辭過很多工作，在上海的這段經歷，一定程度上只是把我其他的工作經歷重複了一遍而已。

我不懂得改進自己，總是一次次陷入同樣的境地。因為我身上的一些特質，我的絕大多數雇主都特別喜歡我，然後一步步地令我不堪重負，直到最後離開。當年我在朋友圈發過的一段隨筆，或許正好可用來作為本文的結尾：

「人生是螺旋上升的」這句話，不知道是誰最先說的，確實是很形象，只是沒有提到上升的幅度很小、速度很慢。過往的人生總是重重複複，交往過的人也重重複複，只是每次換了名字和樣子而已。實際上人們沒有個性這種東西，只有和你的關係。比如你交了一個女友，然後漸漸發現，她竟然越來越像你的上一個女友。當你爲此震驚的時候，你可能只是誤會了：你的兩個女友並不相似，只不過她們都扮演了「你的女友」，而這個角色塑造了她們，把她們共同的方面呈現給你，就像不同的演員在不同的影視作品裡扮演同一個人物時，他們的表現肯定有很大的共同之處。當你意識到這點之後，你就可以蠻有把握地聲稱，你的下一個女友也將和現在的女友相差無幾。從你交上第一個女友時起，你其實已經在和最後一個女友交往。你到了一個新公司上班，看到新的上司和同事，不用說，他們很快會變成你以前的上司和同事。你已經可以預料會被怎樣對待，你可以預言將經歷些什麼，因爲他們只是你的人生的演員們。你終於領悟到這個世界的結構：這些人都是以你爲圓心的圓，他們的半徑就是和你的關係。自然了，同樣的半徑上可能重疊著很多個圓，這不是一組平面的圖形，而是你螺旋上升的人生的一個切片。難怪人們羡慕那些頭腦簡單的人，因爲他們的目光不穿過表像，他們的思想不抵達實質。他們度過的每一天都是全新的一天，他們認識的每個人都是陌生人。他們把同樣的痛苦和快樂經歷了無數遍，每一遍都像是初次經歷。

第4章

我做過的其他工作

01 從第一份工作到第八份工作

”

我已經不像年輕時那樣，總是惶惶地想向別人證明自己，甚至故意去吃虧，生怕別人懷疑我表裡不一。因為我意識到自己想討好所有人的衝動是盲目和徒勞的。每個人都會以己度人，你永遠無法讓一個不真誠的人相信你的真誠。反之，你根本沒必要向一個真誠的人證明你的真誠。

“

我的第一份工作是在酒店做服務生。當時我還沒有畢業，學校安排我們到酒店實習。這大概不算是一份正式的工作，但我們每天幹的活兒和正式工完全一樣。記得當時拿到的工資是六百塊，估計學校已經克扣了部分。我去的一家四星級酒店。我們同屆共兩個班，去那家酒店的約有三四十人。一開始，我被分到了宴會部。後來我知道，對服務生來說，最好的部門是禮賓部，其次是客房部。因為這兩個部門能收到小費。宴會部是收不到小費的，而且幹的活兒比較累。不過當時我不在乎這些。對我來說，工作中獲得的體驗新鮮而有趣，很大程度上滿足了此前我對社會的好奇和想像。我不喜歡也不擅長讀書，在學校裡感覺很壓抑，對於大多數課程一點兒興趣都沒有。不過在我讀的那所學校裡，大多數人都和我一樣，既不喜歡也不擅長讀書，所以我不覺得這有什麼問題。而且，我的成績竟然還能排到班級前三。然而去了酒店實習後，我發現我的那些同學大多也不喜歡勞動。而我覺得自己算是喜歡勞動的。起碼比他們喜歡。

記得有一次，我們在宴會廳撤場，在搬椅子的時候，因為我一次多碼了幾張椅子，身邊的幾個同學圍攏過來調侃我。他們對我說，活兒是幹不完的，你搬得越快，他們就會找越多活兒給你幹，反正在下班前，他們不會讓你閒著。其實他們是在惱恨我，因為我太賣力，領班就會以同樣的標準要求他們。現在我回頭看這段經歷，當然能想像到，其實在那次之前，他們私下已經對我頗有微詞。當時的我比較單純，對任何人都很友善，而且喜歡迎合人。所以他們說什麼，我就聽什麼，後來就儘量不在他們面前賣力幹活兒了。這只是一件很小的事情，並沒有令我不愉快，我也沒為此感到困擾。我在二十歲左右的時候，不像後來對人際相處的細枝末節那麼敏感。這麼多年過去了，我還記得這一幕，是因為在那次之後，我還有過很多類似的經歷。這些經歷層層疊疊地積累在我身上，漸漸還是產生了作用，影響和改變了我，令我越來越覺得和人打交道是件困難的事情。

我們的實習為期半年，我在宴會部大約待了兩個月，又調到西餐廳幹了四個月。宴會部顧名思義，主要承接各種宴席。我們有兩個大廳和幾個小廳。小廳都是擺一桌的，也就是包間；兩個大廳則各可以擺二三十桌。因為我們酒店有國資背景，是市政府的下屬單位，政府各部門經常會使用宴會廳開辦會議。除此以外，有些商家會租用宴會廳辦新品發佈會或特賣場。我們針對不同的會議或餐宴，使用的桌椅也各不相同，因此要反覆地撤場和布場。所謂的撤場和布場，就是把宴會廳裡幾十張桌子、幾百張椅子、幾百套杯碟碗筷全部撤換。直徑兩米的圓桌板，我們會拆下來，豎在地面上，一隻手扶著桌沿，不讓桌板往兩邊倒，另一隻手輕輕撥動桌面，讓桌板滾動起來，一路滾往儲物間。椅子則先一張疊一張地碼起，再用L形小推車推著走。換桌布也有技巧，先把桌布均勻地攏在雙手中，然後像漁翁撒網一樣甩出去。實際上，到最後我也沒有學會這種快速換桌布的技巧。因為我們是實習生，幾個月後就會離開，正式工不想浪費時間教我們。我們一般做些沒有技術含量的工作，比如擺放杯碟、搬運桌椅等。我記得佈置政府部門的會議席最是講究，我們要兩人合作，拉直一條尼龍繩，把每行、每列的桌椅杯碟等完全對齊，容不得絲毫偏差。如果是普通宴席的話，我們在布好場之後，就到廚房去上菜或留下隨侍。

後來我調到了西餐廳。西餐廳在酒店三樓的一邊，中餐廳在同層的另一邊，宴會部則在四樓。西餐廳的面積只相當于四樓的一個大宴會廳，可能還略小一點兒，生意也不怎麼好。但是因為人手少，這裡反倒更忙。西餐廳中午和晚上做自助餐，早上和下午則和對面中餐廳一起做茶市。換言之，我們每天做四個餐市。除此以外，客房的全天訂餐服務也由我們提供，因此男服務生要輪流上通宵班。我當時最喜歡上通宵班，因為晚上沒有領導，自由自在，而且活兒不累。廣東的茶市主要是吃點心，並不是光喝茶。光顧早茶的多是老年人，吃的東西並不多，消費金額也不大，主要是在打發時間。但週六日的早茶市會很熱鬧，基本上都滿座，還會有人排隊等位。下午茶市的客人則什麼樣的都有：洽談商務的，逛街逛累的，朋友相約聚會的等等。和常見的情況不同，我們西餐廳當時仍由酒店自營，並沒有承包出去。因為我們開在酒店的三樓，生意自然比不過大街上的餐店。當年也沒有智慧手機，甚至連功能手機都沒有普及，口碑是真真正正的口口相傳，而不是在App裡刷出來的評分。所以來光顧的多是居住或工作在附近的熟客，還有樓上的酒店房客。

此外，我們雖然自稱西餐廳，但其實做得很不專業，假如顧客想點個牛排之類的，我們是沒法提供的。我們有炸薯條，也有肉醬義大利麵，這些確實屬於西餐，但也有像烏龍麵這樣的日料，還有炒牛河、揚州炒飯之類的本地小吃。說白了，就是個大雜燴。總之，我們午、晚兩場自助餐做得並不好。可以這麼說：遠近不知名，光臨者寥寥。儘管如此，我們的經理畢竟只是個打工人，對此似乎一點兒也不著急。自助餐每天都有剩下的食物，儘管在不銹鋼方盆裡保溫了兩三個小時，水分已經被烘乾，但畢竟是很好的食材做的，聞著還是很香的，倒掉未免太可惜。所以，我們會把好吃的挑出來吃掉；還有人帶飯盒來打包回家。當然，我們即便都吃飽了，下班還是要去食堂一趟。因為酒店每天提供一頓員工餐，不吃白不吃。在食堂裡，我們常常碰到禮賓部和客房部的同學。他們看見我們帶來的菜肴要比員工餐美味多了，有時就求我們改天給他們捎一些。這個時候我們就揚眉吐氣地反問：「你們收到的小費會給我們留一份嗎？」把他們氣得夠嗆。不過，我們也不是完全沒有機會收到小費。比如送餐上客房的時候，就有可能收到小費。客房訂餐主要發生在晚上，因為這個緣故，我更喜歡上通宵班了。通宵班一般是三個人上：西廚有一個廚師接單；還有我們兩個服務生，負責接電話、打單、取餐、送餐、結賬。在沒有訂單的時候，我們就一邊聊天，一邊幫白班折紙餐巾，折出一個可以立起的三角形。到了後半夜，訂單就很少了，我們還可以輪流睡一會兒。

半年實習期滿後，我們可以選擇轉正或離開，多數人都離開了。我還記得人事部的領導姓潘，大家叫她潘主任，而不是潘經理，因為酒店原先是國有的，稱呼還沒改過來。她特別向我表達了惋惜。她常常在酒店裡走動，順便觀察我們這些實習生。她對我的印象很好，可是我和西餐廳的經理關係卻不好。我覺得那個經理流裡流氣，有時說話很髒。而且我的有些同學太刻意地想和他搞好關係，以至於近乎諂媚。雖然他們這樣換不來什麼好處——他只是個小小的餐廳經理，手上沒什麼權力——

頂多在安排工作時有限地關照一下，甚至可能都不會關照。但那些同學似乎把這當成進入社會的必修課，也就是去巴結比自己位置高的人。這激起了我的逆反心理——我看不起的其實是那些同學，但我針對的卻是那個經理，彷彿我的同學是受了他的蠱惑似的。其實那個經理沒有做過任何損害我利益的事。而且說到底，我的同學要奉迎他，也不是他能控制的。但我卻故意很冷淡地待他，不把他放在眼裡，經常在別人面前表達對他的不屑和反感。當年的我很幼稚。

我的第二份工作是在一家香港人開的服裝店裡做營業員。這家店開在步行街上一個很好的位置，代理一個叫作 Moon Goon 的韓國小眾品牌。這個品牌的衣服以黑、白、紅為常用色，配以一種枝蔓狀的火焰花紋圖騰裝飾，標誌的字母則採用哥德體。它的定價在當年算是比較高的，一件短袖襯衫要賣兩三百塊。香港老闆有一個在東莞的合夥人，他一邊從韓國進貨，一邊讓這個合夥人打版仿製。於是我們店裡出售的服裝有一半是真貨，另一半是仿貨。仿貨的品質遠不如真貨，差別主要不在做工，而在材料上。我們做久了，看一眼就能分辨哪些衣服是韓國產，哪些衣服是東莞產。但是這個品牌實在太小眾，在國內毫無知名度，絕大多數顧客連聽都沒聽過，就更別說區分真假了。而且對他們來說，一個沒人聽說過的品牌，真貨和假貨又有什麼區別呢？

我是這家服裝店開張後的首批員工之一。但是很快，我發現自己做不了銷售。我在接待顧客的時候，只能被動地提供服務——顧客問什麼我就答什麼，要什麼我就遞什麼，而不是主動地引導和遊說。我好像缺少一種百折不撓、不達目的誓不甘休的決心。我很容易放棄，害怕向人提出請求，害怕被拒絕。當我察覺對方的態度稍有抵觸，我就無法再繼續去說服人了。按道理我應該被服裝店解雇才對，因為我在所有同事裡成交額最低。我不僅很難說服顧客掏錢，而且無法和同事爭搶客源。假如我和同事都空著的時候有顧客進店，那麼我永遠會讓同事先上。我不喜歡和人發生摩擦，更不要說衝突了。我在同事裡倒是人緣很好，大家都喜歡我，因為我不爭不搶，溫文有禮。我還可以同時和多個互相敵視的小團體保持友好關係。可能在他們眼裡，我是一個奇怪而無害的人，一個無欲無求的旁觀者，或是一個不知道跑來做什麼的傻瓜。

但是店長並沒有解雇我。相反，我可能是她最偏愛的一個店員。她看見我不擅長銷售，就把我安排到倉庫。原本我們有一個倉管員，我進了倉庫後，她就要經常到店裡賣貨了。結果她賣貨也比我強得多。這時恰逢政府推行強制社保，我們店決定選五個員工購買社保，以應付政府的檢查。於是店長選上了我，一個工作能力吊車尾的人，這令我受寵若驚。但我敏感地察覺到有些同事對此心懷不滿。想到日後還要和他們共事，我不想為此增添煩惱，甚至生出糾紛。於是我婉言謝絕了店長的好意，說這會不利於店內的團結。

這是二十年前的事了，當時我對個人的權利毫無認識。在家裡父母只教我與人為善，從沒告訴我還要捍衛自己的利益。換了現在我可不會那麼蠢，今天的我會坦然接受。這本身就是每個勞動者的合法權益，不是資本家的恩賜。如果其他同事對此有不滿，那麼是他們和資方之間的矛盾，不是和我的矛盾。假如他們搞錯了怨恨的對象，我會友善地提醒他們。就是這麼簡單的道理，當年我竟然想不明白。這可能是因為，從來沒有人和我聊起過這些話題。我的父母從不對我說這些。他們一輩子待在事業單位裡，對市場經濟完全陌生。學校不再安排我們的工作，這事讓他們反復念叨。他們在家裡談到單位的某某在炒股，語氣聽著卻像是歎息，彷彿那個某某墮落了，走上了投機倒把的違法道路。

另一方面，個人的認知水準也和社會整體的認知水準掛鉤。假如社會上普遍地關心和討論某些問題，那麼個人就會從中得到啟發，促進思考，然後增加認識。而在那個資訊相對閉塞的年代，互聯網還沒有普及，對於很多切身的問題，我們的討論物件僅限於身邊的熟人。但我家是一個外來家庭，父母都不是本地人，我們在當地沒有親戚。我父母的性格也比較孤僻。尤其是我父親，他是農民出身，並不適應城市生活，在單位裡連一個交心的朋友都沒有。每年春節的時候，我們家甚至很難找到一個串門的物件。往往直到快元宵節了，才匆匆去拜訪一兩家我媽的同事，這時他們家的糖果盒裡剩下的已經是些不怎麼好吃的糖果了。所以當我踏入社會後，我表現得比身邊的同學更單純、幼稚和遲鈍；其實之前在學校裡，我和他們並沒什麼區別。學生時期的我也和後來的我完全不一樣。我一踏入社會，就察覺到了身邊同學的改變，而且這種差別隨著時間的流淌漫延得越來越廣、浸滲得越來越深。而我好像完成不了他們那種自然而然的蛻變。我始終不明白他們是怎麼從一個學生搖身一變成為成人的。我懷疑他們早在還是個學生時，身體裡就已經藏了一個成人。於是踏入社會後，他們只要輕鬆地把學生的表皮撕下來，變化就立刻完成。而我還是個學生的時候，身體裡同樣也是一個學生。就像洋蔥無論撕去多少層皮，也仍然是一顆洋蔥，永遠不會像柑橘一樣掰出鮮甜多汁的果瓤來。

我在這裡不惜筆墨地解釋這些，是擔心今天的讀者不能理解當年的我為什麼那麼笨。因為就是今天的我，也覺得當年的自己笨得不可思議。如今我還得向無法相信我有那麼笨的讀者說明我真的有那麼笨，這實在讓人無地自容。不過和當年相比，今天的我簡直已經變得厚顏無恥了。比如說，我認為當時那家服裝店就是真的給我獎勵，而不是僅僅給我買社保，我也完全配得上。正如你們現在讀到的，今天的我心安理得地在文章裡說了自己很多好話，絲毫不覺得受之有愧。我已經不像年輕時那樣，總是惶惶地想向別人證明自己，甚至故意去吃虧，生怕別人懷疑我表裡不一。因為我意識到自己想討好所有人的衝動是盲目和徒勞的。每個人都會以己度人，你永遠無法讓一個不真誠的人相信你的真誠。反之，你根本沒必要向一個真誠的人證明你的真誠。

後來我辭職的時候，那個店長很不高興。這說起來有些奇怪，她不高興沒有合理的原因，我沒承諾過她任何事情，辭職是我的自由。我對此的理解是，她大概認為自己待我不薄，我哪怕不能鞠躬盡瘁死而後已，起碼也該知恩圖報，留下來充當她可以信任的助手，和她同甘共苦，一起創業。畢竟在她看來，我的學歷不好，這份工作雖然卑微，但對我來說也不算屈就。她一直在關照我，就是為了把我留下來。她以為這些我都懂，實際上我並不懂。當年我涉世未深，閱歷簡淺，人情世故完全不察，也看不懂別人的心思。現在回過頭分析，那個店長顯然事業心很強。香港人的店她有一點兒股份，所以她算是個小老闆，而不是完全的打工人。假如那個店她做得好，香港人自然會投資開第二家店、第三家店……不難想像，她將在這盤生意裡獲得更重要的角色。她器重我可能是因為我足夠單純。我難得地不貪心，待人和善謙讓，做事踏踏實實，和她聘用的其他人迥然有別。當然，如果論銷售能力，我肯定是店裡最弱的。不過可能在她看來，能力強的人到處能請到，她自己就很有能力，但可以託付信任的人卻可遇不可求。當時我辭職是為了去讀一個夜大，而在服裝店要工作到晚上十點，時間上有衝突。這些我沒有告訴那個店長，原因已經記不得了，可能是擔心她勸我別去讀夜大。我不太習慣拒絕別人，尤其是當別人似乎帶著關心和好意時。不過今天我會認同，讀夜大是一件浪費時間、浪費錢的事。我沒有在那個學校學到什麼有價值的東西，而且這不全是我的責任。服裝店的這份工作我前後做了大半年。

我的第三份工作是在某石化的加油站做營業員。這份工作是通過報紙上的招聘啟事找到的。不過剛進去的時候，我只是個編外人員，和正式工同工不同酬。我之前在服裝店的工資是兩千塊出頭，到加油站變成了一千八百塊。那個加油站有八台加油機，兩兩背靠背，共組成四組。油站提供90號汽油、97號汽油和0號柴油三個品種。上班的第一天，同事教會我加油機的基本操作，其餘就啥都沒說了。我記得那天有輛計程車在我身邊停下來。一般計程車司機都會自己加油，因為他們不信任我們，懷疑我們加油時會做手腳。我的其他同事從不接待計程車司機，只是冷冷地盯著他們自助加油，然後看他們有沒有去付錢。但我當時不懂這些，所以主動走上去接待了。我很禮貌地問那個司機，是要加90號汽油還是97號汽油。他乜斜著眼，像看騙子似的看了我半天，然後陰陽怪氣地反問：「你說呢？」後來我才知道，沒有出租車會加97號汽油。我的問題在他看來過於愚蠢，而且不懷好意。我還知道了加油工和計程車司機哪怕不是敵人，但也絕不是朋友。他們在工作中吃了苦、受了氣，就把怨恨發泄到我們身上。因為那些讓他們受氣的人他們惹不起。如果油價漲了〇．一元，他們也把氣撒到我們身上，對我們冷嘲熱諷，好像我們是助紂為虐的幫兇，他們多付的錢最後會落到我們的口袋裡。

而我們對待他們的方式和態度也差不多。總之，卑賤的人如果心懷不滿，就只會欺負別的卑賤的人，因為反抗權勢是要吃苦頭的。如果實在是誰也欺負不了，那就只能去虐待動物了。人們常常說，愛情是盲目的。但在我看來，愛情恰恰最不盲目、最不功利、最忠於本心。相反，仇恨才是盲目的。

我們當時是三班倒，每次換班的時候會休息一天，好像是每週換班一次。我們分成四個小組，每個小組有四個人。和我同組的另外三人，至今我對他們的相貌還有印象。我還記得每個組裡都是一男三女，這說明做這份工作的女多於男。至於這是普遍情況還是我們油站的個別情況，我就不清楚了。前面說到，計程車司機不信任我們，懷疑我們會做手腳，實際上那不可能。因為他們每天都在同一個油站加油，對加油機非常熟悉，而且警惕性很高，對自己付出的每一分錢也非常在乎。但我們確實會對一些人做手腳。我不清楚這是我們組獨有的情況，還是別的小組，甚至別的油站都會這麼做。當時有一些公家車，是憑加油券來加油的，而不是付現金。這些車的司機往往漫不經心，把車停好後吩咐我們一句，就甩手不管了，畢竟車不是他們自己的。我們組的另外三人——我不能說自己無辜，但我確實對此一無所知——會默契配合，對他們隱瞞加油量，然後多收他們的油券。她們沒有把這個告訴我，大概是覺得我笨笨的，容易露餡兒。我後來察覺到這情況，是因為她們有一次被人識破了。可是奇怪的是，那個識破她們的司機，並沒有追究她們的責任，而是罵了她們幾句就算了，甚至連被多收的油券都沒有追回。大概這些加油券本來就是公家的，多付少付他並不在乎。他在乎的是我的同事竟然以為能矇騙他，這顯然是對他的一種輕視。我們組用這些多收的油券換出現金，然後用作小組的活動經費。前面我說自己並不無辜，不僅是因為我沒有揭發這件事，而且我還在知情的前提下，和她們一起用這筆錢去喝了幾次早茶。可見一個人要腐化是多麼容易。

我在這個油站上了三四個月班，突然有一天，來了一群某石化的領導。他們參觀了我們的油站，聽站長介紹了情況，然後教了我們一套規範的接待用語，讓我們使用這套話語服務司機。我的那些同事幾乎都是老油條了，他們大概認定這又是在搞形式主義，於是都只是應付了事，一點兒都不認真，而我卻傻乎乎地一板一眼按要求完成。結果，這原來是一場選拔。公司打算把一個位處城鄉接合部的新油站打造成示範站，然後找人去拍攝視頻，在某石化內部作為標準化服務流程宣傳。而我因為一絲不苟的表現，被領導們相中了。不過話又說回來，當年我才二十歲剛過，也算朝氣蓬勃，是站裡最年輕的，我的那些同事普遍都三四十了，而且我身高也是站裡最高的。所謂矮個中拔高個，大概在領導的眼裡，和他們相比，我也算是形象好、氣質佳了吧。不過被選上之後，我就要馬上調到新油站去。我原來的油站離家只有兩公里多，離我的夜校只有三公里。但新油站離我家和夜校都有十幾公里，而且交通不太方便。公司選定那個新油站，是因為那裡的房子和加油機都很新，沒有蒙上一層無論如何都擦拭不掉的烏黑油漬。那個油站外還剛修了一條新路，比市區裡的馬路要更筆直、寬敞、平坦和整潔。此外，那裡周圍是一片花田，當地村民大多從事花卉種植，這在拍攝視頻時可是完美的免費背景（實際上那裡的地名就叫大花園，我們加油站就叫大花園加油站）。還有，那個油站因為位置偏僻，生意一直不太好，所以我們會有足夠的閒置時間排練和拍攝。

我的站長很捨不得我，但她沒有辦法，只能安慰我說，等公司的任務完成後，一定立刻申請把我調回來。我在她的油站上了幾個月班，其間評上過一次優秀員工，由她直接選出。她選了我，簡直是不給老員工面子。也可能她就是要拿我來鞭策那些老員工，用這種方法來刺激他們，讓他們端正工作態度。我誠惶誠恐地得了這個獎（忘記獎勵多少錢了），第二天就買了箱冰紅茶，帶回去分給同事喝。

我讀的夜校畢竟是成大，多數學生邊上班邊上課，學校對缺勤也比較寬容，我記得每個科目只要出勤率達到三分之二就沒問題。可是我調到新油站後，不知道領導怎麼想的，竟然提出要軍事化管理。其中對我影響最大的方面是，我們下班後要住在油站旁的員工宿舍，隨時準備接受召喚，不能再回家了。換了今天，我對這種安排必定嗤之以鼻，要不就陽奉陰違，要不就據理力爭。何況對我提出這種要求前，他們甚至都沒先幫我轉正！說到底，我還只是個臨時工啊，拿著一千八百塊的死工資，沒有任何福利保險，他們怎麼好意思干涉我下班後的私人生活？我想住在哪裡是我的自由，我只是去打個工而已，不是賣身做奴隸了。他們把我抽調到新油站，並沒徵求過我本人的意見，好像認定我會服從似的。這種作風倒是挺軍事化，可我到底不是在參軍。不過在那個年代，人們普遍缺乏權利意識，勞動法也不如今天完善，那種情況司空見慣。也不是說那些領導心眼兒壞，可能他們也沒認識到自己侵權了。而我則不但沒有憤憤不平，反倒忐忑不安起來，擔心自己可能達不到公司的要求，會給集體添麻煩。

現在回過頭看，當然能把事情看得很清楚，但當時我真的不知道該怎麼處理。我沒有可以商量的物件。我父母滿腦子老舊保守思維，那段時期正為單位和社會的劇烈變化感到坐立不安。他們自己都孤獨困苦，對社會不能理解、不能接受，自然也無暇過問我了。而且我在青春期後就沒再主動和他們商量過任何問題，即使我和他們商量，他們也無力給出恰當的解答。在融入社會這件事上，我的所有決定都是自己做出的——或許因此至今都沒有真正融入社會——他們基本沒給過我有用的指導或建議。除了後來借我幾萬塊做生意外，他們也沒提供其他任何幫助。不過，他們也從不要求我發財致富、光耀門楣，然後孝敬他們。他們只是反復叮囑我遵紀守法，不要給社會、給別人添麻煩。其實我當時應該和新油站的領導溝通，向他們解釋我在讀夜校的情況，並提出自己的訴求。我相信他們也不是高高在上、蠻不講理的人。起碼他們應該認同，讀書不是一件壞事，而且這不影響我在油站的工作。退一步說，我去讀夜校在前，他們把我調到新油站在後，如果新油站實在不能為我放寬規定，那就讓我回原來的油站好了。但是當時，我不敢面對領導提要求、談條件，我覺得這是在搞特殊化，是想謀取特別照顧，可能會招致同事的不滿。實際上我想得太多，而且想歪了。

我在新油站大約待了兩個月，這期間有溜去上課，也有溜回家，但有時領導在，我溜不了，所以還是曠了不少課。我想，既然自己無法達到油站的要求，那就只能離開了。於是我辭了職。我在某石化總共待了半年左右。事實上我的同齡人裡，很少有人願意去加油站上班。我在油站的同事，要不就是外地人，要不就是年齡偏大、未掌握專業技能而因此就業選擇非常少的本地人。其實我去應聘時，同去的還有另一個同學，我倆都被錄用了，但他沒有去油站報到。因為我們出生在城市，很多人有更好的選擇，而且也要顧及面子——在很多人眼裡，加油工是一份低下的職業。大家雖然嘴上會說「職業無分貴賤」，心裡卻並不真的這麼認為。不過我父母倒確實相信這句話。而且他們反正沒有同城的親戚朋友，所以不必顧慮什麼面子。當初他們聽說我去加油站上班，是真的為我感到高興。

我的第四份工作是在一家中式速食連鎖店送餐，每天只在中午工作兩個半小時。速食店管我一頓午飯，但沒有底薪，收入全靠提成。我記得當時送一份餐的提成是一點五元，算下來一天能掙二三十塊錢。這份工作其實是一份兼職，但我之前做的三份全職工作，酒店、服裝店和加油站，實際上都和夜校有時間衝突。因為我學歷不好，很難找到朝九晚五的工作。我在那家速食店幹了半年，後來有同學主動為我介紹工作，我就辭掉了。

我的第五份工作是在一家雪糕批發部送貨。那家店是我一個同學的親戚開的，在城中村旁的一座菜市場裡。在去上班之前，我以為自己只是負責送貨。結果並不是，我還得去找業務。實際上我的身分是業務員，每天要巡視附近所有的小超市、小賣部。假如看到誰家的冷櫃空了，就要問他們需要什麼，然後給他們送過去。但我不是唯一幹這個活兒的，批發部裡還有另外一個全職以及若干兼職和我競爭。我完全不能勝任這份工作。這時我對社交已經比較抵觸，我總是對別人話語背後的真實意圖反應遲鈍，事後我反應過來了，又感覺羞慚懊惱、無地自容。這樣的遭遇反復發生，我開始下意識地和人保持距離，哪怕是面對我產生了好感的人。另外我很不習慣和人討價還價，我不喜歡和人講利益、談條件。談判給我的感覺近似於有意識地得罪人。我不喜歡得罪人的感覺，我的討好型人格加重了我的社交恐懼。吊詭的是，我是由於太想討好人，而變得不願意接近人，因為想討好人的那種衝動最終總是帶來失望和挫折。

我發現當一個人表現得無私時，別人回報他的往往不是友善，而是加倍的貪婪。我之前在酒店實習時要上一種兩頭班：比如早上上四個小時，晚上再上四個小時。大家都不喜歡這種兩頭班，因為這意味著要花費雙倍的交通時間和費用。

還有的人住得遠，中間的時間回不了家，只能百無聊賴地等待，或者在酒店附近瞎逛。因為這個緣故，領班在給我們排班時，每人每月的兩頭班天數是相當的。有一天，一個上兩頭班的同事因為家裡有事，想和我調一下班。原本她用一個兩頭班換了我的普通班，改天應該用一個普通班換回我的兩頭班，這樣對雙方才公平。但我覺得這麼換來換去太斤斤計較，所以就對她說，不用那麼麻煩，不必換回來了。然後她隨口問了我句為什麼，我就說普通班和兩頭班對我來說沒有區別，反正我下班後也沒事可做。實際上這不是我的真心話；和所有人一樣，我也不喜歡兩頭班，我那麼說是不想令她心裡不安。事實證明我太幼稚了。過了幾天，她又來找我換班，這次她不是因為家裡有事，而是直接說：「你覺得兩頭班和普通班沒什麼區別，那我們再換一次吧，我不想上兩頭班。」我很驚訝，這完全出乎我的意料。我不知道該怎麼拒絕她了。除非我告訴她，之前我是在撒謊，其實我和她一樣，也討厭上兩頭班。可這樣的話我又說不出口，所以我只好又跟她換了一次。但事情到這裡還沒有結束。又過了幾天，另一個聽說了這件事的同事，也來找我換班了……

後來是一個我的同班同學幫我化解了這件事。他不留情面地當面挖苦了找我換班的正式工，兩人為此還吵了幾句。我同學罵她不要臉，她罵我同學多管閒事，而我在旁邊左右為難，怕大家傷了和氣。不過經此一鬧，果然再沒人來找我換班了。當年的我非常馴服，對誰都唯唯諾諾，且常常為自己和別人對很多事情的反應截然不同而感到困惑和惶恐。漸漸地，我意識到，大多數人都只能從自己的角度，而不能從別人的角度看待問題。我的胸懷並沒有寬廣到吃虧也毫無怨言。我心裡也會積累不滿和怨氣，然後變得厭煩和憎恨。假如不想繼續吃虧，我要不就變得和大多數人一樣，互相糾纏——你自私我也自私、你貪心我也貪心——這樣就誰也占不了誰的便宜了；要不就選擇和所有人保持距離。對我來說，後一種方法要容易得多。

於是到了送雪糕的時候，我已經不知不覺地變成一個和誰都保持距離的人。有些客戶明明和我打過多次交道，可是再見面時我仍然一副仿如初見的表情，過分有禮貌地和他們打招呼，說一些見外的客套話。估計他們心裡都在納悶：這人該不會這麼快就忘了我吧？而我還意識不到自己這種生疏的態度傷害了人家的感情。在我一廂情願的美好想像裡，這個世界的運轉依靠的是公平合理、巨細靡遺的規則，而不是人情。人和人之間不需要建立任何交情，只要共同遵守規則，就可以高效地處理各種事情，每個人也可以過得舒適自如。這時候的我已經比剛畢業時更怯於和人打交道，但還沒有發展到社恐的程度。我後來的社恐成分也很複雜，不全是前面概括的這些因素。比如說，我對「使人失望」這件事懷有很深的恐懼。如果有人誇獎我，我會不假思索地立即否認，然後竭力貶低自己。因為我害怕他們以後發現我不如他們原來想的那麼好，然後對我失望。我寧願從一開始就說服他們，我根本就不好。我承受不了別人認為我好所帶來的那種隨時可能被「識破」的危機感。如果有誰要堅持不懈地誇我——不過這樣的人很少——我就會躲著他、遠離他。這樣就是我主動「拋棄」他，而不是（在想像中）終有一天被他「拋棄」。這不是一種理智的策略，而是自發的心理防禦機制。人們常說性格決定命運，對於我們生活的這個小時代來說，命運這個詞或許太大，但性格確實會在很大程度上影響一個人的生活歷程。比如說，當我嘗試講述自己的工作經歷時，我發現無法對我的性格因素避而不談。我當年做出的很多決定，主要就是受性格的影響，而不僅是從利害得失的角度權衡取捨。假如我不描述自己的性格，讀者就很難理解我當時的一些反應和選擇。

我在雪糕批發部混了幾個月，都不好意思說是在上班，因為我掙的錢和之前在速食店差不多。可是我在速食店每天只幹兩個半小時，在批發部卻是朝九晚五。不過送雪糕畢竟比較自由，每天早晚不必打卡，天氣不好的話不去也行。我每天騎著自行車在周圍轉悠，旁邊城中村里的旮旯角落我都鑽遍了，有些小賣部甚至開在只有一米寬的窄巷裡。可是我的競爭對手總是搶在我前面填滿那些客戶的冷櫃。因為他有一個手機，而我只有傳呼機，我甚至都沒把傳呼號碼告訴那些商店老闆。我的競爭對手已經在那片地方幹了一段時間，和大多數商店建立了關係，缺貨的時候人家會打電話給他，而我只是在他身後撿漏而已。不過，那時的我並不著急掙錢。因為我晚上還在讀書，所以我這麼想：等畢業後才正式開始工作，現在就權當打打零工。我幹了幾個月之後，天氣開始漸漸轉涼，雪糕越來越難賣了。終於有一天，我竟然連一單都沒有送出去——我實在是沒臉再混下去，於是就辭了這份工作。

我的第六份工作也是同學介紹的。我並沒有拜託他們幫忙，都是他們主動介紹的。這份工作和上一份一樣，也不怎麼正式，既沒有簽訂勞動合同，也不要求上下班打卡。這個老闆在社區裡租了一套公寓做工作室，手下只有一個員工，兩人是親戚。工作室的業務是繪製三維建築效果圖，老闆負責洽談業務，繪圖員其實就一個人。而我是去當學徒的，工資六百塊，好像管一頓午飯。直到今天我還記得當時我們使用的軟體版本：AutoCAD14、3Dmax4、hotoshop5.5。我去了沒幾天，又來了兩個新學徒，一男一女，都是老闆的熟人介紹的。那個繪圖員很忙，沒工夫教我們，所以我們每天就看書和光碟自學，遇到困難才請教他。當時的Photoshop還很簡陋，功能不多，我之前已經自學過，所以立即就上手了。AutoCAD也很簡單，基本操作一天就能掌握；但要熟練、高效地使用，則要投入很多時間。而且對於沒有基礎的我來說，光是讀懂那些全開的建築圖紙，就已經非常費勁兒。3Dmax則比較難上手，一方面是它當時還沒有中文版，另一方面是軟體裡面的指令非常多，我們載入的外掛程式還各有不同的介面和指令。

我在這個地方待了半年左右，後來和另外那個男學徒一起離開了。那個男學徒和我讀同一所夜校，而且是同一屆；我讀廣告，他讀財會。於是那段日子我們每天下班後就一起去上課，在路上吃個盒飯或米粉。我們後來離開是因為覺得那個老闆太精明，給他打工很容易吃虧。而且他的工作室畢竟不是正規公司，我們的權益沒有什麼保障，只能看他的良心。而對於他的良心，我們不敢信任太多。比如說，把我介紹過去的那個同學，他的哥哥認識這個老闆。這個同學之前告訴我，學徒期的工資是一千塊。可是我去幹滿一個月後，老闆給我的卻是六百塊。我不清楚問題出在哪裡，也不好意思去問。我既不敢問那個老闆，也不好意思問我同學的哥哥。我想我畢竟還什麼都不會，也沒幫上什麼忙，每天占用人家一台電腦，吃人家一份盒飯，再計較幾百塊錢太說不過去。可是幾個月後，我已經能幫上一點兒忙了，有時還和大家一起加班到半夜，拿到手的還是六百塊。另外那個男學徒情況也和我差不多。我們都膽子小，不敢和老闆談。這時夜校也快畢業了，我們都覺得還是找一份自己專業的工作比較好。

結果，我並沒去找一份自己專業的工作。當時有一本我每期購買的漫畫雜誌，主辦的漫畫社登出招收學徒的啟事。那個漫畫社在國內是有點兒名氣的，於是我按要求畫了一個短篇寄去，沒想到竟然被錄取了。這其實不算是一份工作，因為沒有工資，只管吃住。但我在那裡待了半年多，所以我把它當作第七份工作來講述。

漫畫社在一個社區裡租了幾套房子，社長是個香港人，不到三十歲，他讓我們都喊他老師。老師曾經自費去日本學藝，後來回內地創業：搞漫畫社，辦刊物，推作者，出單行本等。和我同批的學徒大約有十多人，這時我發現，我是其中最年長的，當時我已經二十三歲了。這說明到漫畫社裡當學徒這種不靠譜的事，一般只有小孩子才會幹。不過我比較晚熟，在那之前的幾年裡，我渾渾噩噩地打工、讀夜校，並沒有急切地想做些什麼的衝動，父母也從不催促我。由於我的家人從小教我省吃儉用，而且父母向來以身作則，所以我對物質的要求也不高，不抽菸不喝酒不買名牌（如今我要喝一點兒酒），剪髮只在路邊的五元攤，能騎車去的地方我就不坐車，日常開支非常小。而我家沒有同城的親戚，父母也沒有朋友，因此兩代人都不必和同齡人苦苦較勁、比個高低，於是就都變得有些得過且過、不求上進。我父母很少督促我學習，從沒幫我報過輔導班，也不要求我向某某家的孩子看齊。在他們看來，克己勤勉是遠比精明能幹寶貴的品質。漫畫則是我不多的興趣愛好之一。當時我能看到的幾乎都是日本連載漫畫：《聖鬥士星矢》《七龍珠》《亂馬½》《阿拉蕾》《足球小將》《灌籃高手》等等。在漫畫社，我們每天要練十多個小時的基本功。這些練習包括打排線、畫人像、畫人頭、臨摹場景等。老師並不向我們傳授技藝，而只佈置練習。在所有的練習內容裡，打排線占據的分量最大。所謂的打排線，就是用蘸水鋼筆畫出一排排直線，每條長約四厘米，間隔越小越好，一般在零點五毫米以內。要求是打出的排線長短一致，間隔均勻。光是這個練習，我們每天都要做四五個小時以上，非常枯燥。不過這些訓練內容，感覺像在培養漫畫助手，而不是漫畫主筆。大約凡是和創造有關的內容，都是無法傳授的，只能看各人的天資。我們揣測，這些也是老師在日本時接受過的漫畫訓練。

最終，我並沒成為一個漫畫作者。不過在漫畫社裡，我認識了一些重要的朋友。受到他們的影響，我也聽起了搖滾樂。我們當時聽的樂隊或歌手有性手槍（Sex Pistols）、涅槃（Nirvana）、九寸釘（Nine Inch Nails）、電台司令（Radiohead）、平克．佛洛德（Pink Floyd）等等。和很多搖滾青年一樣，他們說要反抗這個社會對個人的改造，反抗主流價值對個性的蒙蔽，反抗成人世界的虛偽和功利。在我看來，他們不僅是說說而已。在他們的鼓勵下，我變得越來越敢於否定漫畫社的一些做法。我的觀點有些可能還有可取之處，有些則明顯脫離現實，但總體而言全部很理想主義。最後，因為不認同漫畫社對待我們的方式，我和幾個朋友一起離開了。在離開之前，我還畫了一篇漫畫，諷刺老師對我們用的機械訓練方式。

於是我又開始找工作，這時我已年滿二十四歲。和應屆大學畢業生相比，我的年齡偏大，我過往的工作經歷對我這時找工作也沒有什麼幫助，所以好一點兒的工作我是找不到的。不過好在我從來不挑，所以很快就又上班了。我的新工作，也是第八份工作，是在一份新創刊的動漫資訊雜誌做美編。

我的老闆原來是一本很成功的碟評類雜誌的發行人，因為感覺動漫類的書刊前景更好，所以跳出來自己創業。當時市面上有很多同類的動漫雜誌，大多都沒有刊號，隨書附一張光碟，以音像號的形式發行，名義上書是光碟的別冊。我們雜誌也是採用這種方式。我們老闆是個相當摳門的人，不過他談吐很文雅，善於表達和演講，而且外形看來很有風度。他聘用我是因為我對工資沒提任何要求。我在面試的時候對他說，他給和我相同職位的人多少，也給我多少就行了。他給我試用期一千五百塊，而且要試三個月。現在回想起來，我真的很實惠。他肯定很快就發現了我服從性強，是他最喜歡的那類員工，但我卻到後來才意識到這一點。這份工作主要使用兩個軟體：Photoshop 用來處理圖片，Corel DRAW 用來排版。恰好這兩個軟體我都會。我們編輯部最初有一個主編（兼文編工作）、兩個文編、三個美編和一個日語翻譯。我負責的工作內容相當枯燥，乏善可陳，就是一張接一張地處理圖片，然後排版。不過，編輯部每月要從日本和港臺訂購原版的漫畫資料書。這些書要不在國內買不到，要不就只能買到印刷粗糙的盜版。於是能即時地讀到這些珍貴罕見的圖書，成了一項對我很有吸引力的福利。

我們每個月做一期刊物，前期一般是文編在忙，後期則輪到美編忙。在每期出膠片的前一天，美編都要通宵加班。因為拖延症是一種常見病，文編不到最後關頭是不會交出全部文稿的。除了刊物以外，我們還做一些單獨的圖書產品，比如奧特曼畫冊之類的。這些圖書的內容有些是侵權的，不過日本的版權方很少理會國內民營圖書批發市場（我們叫「二管道」）上的盜版書。其實當時，圖書市場已經日薄西山，雖然智慧手機還要過幾年才問世，但個人電腦和互聯網的普及已經分流了大量紙質書的讀者。就是在這樣的背景下，我們自己的內容做得也沒有特色，在同類雜誌中毫不起眼。而且同類雜誌很多也只是做幾期就消失了，還不如我們堅韌不拔。不過大概因為掙不到錢，我們老闆只好在節流方面下功夫了。試用期過後，老闆讓我們簽勞動合同。記得當時讀完合同文本後，我有一種強烈的被冒犯的感覺。那份合同的內容我早就忘了，但可以肯定裡面的內容有大量是違反今天的《勞動法》的。我沒有簽那份合同，但也沒有立即辭職，因為編輯部裡的那些書吊著我的胃口。我還托公司渠道購買境外的原版書，其中有些是幫朋友買的，那些書當時在國內很難買到。此外，我和幾個同事相處得很融洽，工作中還是有不少歡樂的。

在編輯部上班的同時，我仍然和之前在漫畫社認識的幾個朋友聯繫。他們對社會的鞭撻這時竟不知不覺地和我老闆的種種行徑相呼應，令我產生了一種「社會果然很骯髒、人性確實很醜陋」的感覺。這感覺此前我從未有過。比如當初離開做建築效果圖的那個老闆時，我就絲毫沒有憤憤不平，只是覺得有點兒怕他。與此同時，因為在社會上和人打交道吃了太多虧，我漸漸把這歸咎到我父母身上，我怪他們沒有提醒過我。他們教我的處世之道，在這個社會上根本行不通。他們從不鼓勵我去追求，而只訓誡我要克己。他們告訴我不對的事情，現在人人都在做，可是社會並沒有懲罰他們而獎勵我，反倒是獎勵他們而懲罰我。還有在工作方面，我們主編對於雜誌內容的規劃，也完全背離我和我朋友的審美。在我們看來，公司做的圖書內容膚淺、幼稚、虛偽、矯情、做作……總之就是在玷污動漫行業，是在浪費紙張、破壞環境。於是經過一段時期的熱烈商量後，我們決定一起去北京過「流浪和創作」的生活。我很快辭了工作，簡單地做了些準備，然後就坐進硬座車廂出發了。

02 從第九份工作到第十一份工作

"
我前面講述的那些工作經歷，無論取掉其中哪一段，都不會對今天的我產生影響。但是假如沒有在北京的這一段經歷，那麼今天的我肯定會是一個和現在很不同的人——如果說脫胎換骨有點兒誇張的話，那麼這段經歷起碼塑造了最初的我，就像給了我一個起點。
"

我們當然沒有真的去流浪。到了北京之後，我們先借住在通州的朋友家，然後自己在附近租了房子。因為我們沒有錢，於是我在八王墳找了份文印店的工作，每天往返於通州和朝陽。這份工作我只做了兩個月，幾句話就能說完：老闆是業務員出身，在我之前，店裡只有一個員工。我們有兩台電腦和一台名片膠印機。除了印名片外，還承接一些單頁、折頁、宣傳冊的設計製作，不過印名片是我們主要的收入來源。老闆和一些酒店合作，提供當天交貨的名片快印業務。

一般在接到酒店前檯的電話後，我們立即就過去取來名片信息，大多是照著客戶提供的名片樣板加印。當時北京其實已經有數碼快印，但很少人用來印名片。名片一般使用三百克的銅版紙或特種紙，數碼快印處理不了這些紙張。我們的客戶一般是高端的商務人員，其中有不少是老外——起碼他們的名片上沒有一個中文字。我們的收費是比較高的，我記得一盒要兩百塊。如果他們自己到大街上印，一般只要二三十塊。但大街上的名片店不提供上門取送服務，而且當天印不出來。對於我們的客戶來說，在名片的事上哪怕浪費一個小時，損失都遠遠不止兩百塊。我們早上接的單下午就能送去，下午的單晚上送去，晚上的單第二天早上送去。老闆自己就是取送貨員，幾乎每天都在來回跑。我有時也要外出取送。另外一個同事操作膠印機更熟練，所以留在店裡。我們的工資不高，因為老闆管吃住，好像只有一千塊，或一千兩百塊。住的地方是地下室，我因為要回通州，所以只住過幾晚。我對地下室的印象是陰涼、幽暗、衣服難幹、自來水很冷，不看表完全不知道時間、早上用廁所要排隊……

因為要去上班，我就沒時間創作了，這令我的朋友很不滿。他們說工作是社會機器對人的奴役。這麼說似乎也沒錯，可是人活在世上，很難不受到奴役——要麼受這個的，要麼受那個的——無論工不工作。古希臘的哲人也說肉欲是對人的奴役，但他們並沒說肉欲是可以滌除的——除了等著自己慢慢老去。不過我還是聽從了朋友的建議，辭去了那份工作。這就是我的第九份工作。

為了減少支出，我們決定從當時偏遠的通州搬到更偏遠的燕郊。我們原本有三個人，這時候又拉攏了兩人，總共五人合租了一套房子。當年的燕郊遠不如後來繁榮，那套房子的面積很大，我覺得有一百多平方米。因為是農民集資房，屬於小產權，租金並不貴，我們五人分攤後，每人只要出百來塊錢。不過我已經完全沒有錢了，所以只能打電話跟父母要。我父母對我選擇過那種生活感到很不理解，也不支持，但還是援助了一些。我還在樓下的早餐攤幫過幾天工，工錢只有幾塊錢一天，早上四點幹到八點，但早飯隨便吃。我負責炸油條，全程就站在油鍋前，一個早上能炸幾百根。除了零售，還有些油條是批發給附近食品店的。這不算是一份工作，因為錢太少，我去了幾天就不去了。

我們在燕郊留下了很多難忘的回憶，但在創作方面並不順利。當時，我的朋友認為刊物上的作品大多是毫無價值的垃圾——就像被馴服的牲口一樣，早已喪失了原始的天性。但或許，我身上也並沒殘留多少野性。而且野性的作品無法發表，只能在一個地下（網上）的圈子裡傳閱，那也就無法換來讓我們持續下去的經濟收入。我們當年單純、偏激、幼稚、熱切，做事不顧後果，一心要改變世界。我或許是其中比較務實和冷靜的，還時時刻刻在考慮收入的問題，而我的朋友對此簡直嗤之以鼻。但在漫畫方面，他們都比我畫得好，遠比我有經驗。我只在漫畫社待了半年，只完成過兩三個十幾頁的命題習作，還達不到發表的水準。可是他們卻激動地認為，對於創作來說，「畫得好」是最不重要的。他們舉例說，朋克樂就只用到三個和絃，而他們很喜歡朋克樂。他們還說，作品最重要的是靈魂。他們認為我有靈魂，這令我受寵若驚，因為他們還說，很多人是沒有靈魂的。實際上，在他們的故事裡，他們過得遠比我在我的故事裡精彩。我是一個缺乏安全感的人，起碼在當年是，而待在他們身邊難免有時要擔驚受怕。

可惜那樣的生活只能發生在年輕的時候，而且總是短暫的。無疑當時我們犯了很多錯誤，搞砸了很多事情，但是那些日子也是我對世界——起碼是對這個社會祛魅的過程。我在那段時期及以後讀了一些我從前沒讀過而且原本可能永遠不會讀的書，接觸到一些改變了我的觀念和主張。這段經歷使我得以重新審視——實際上我之前只是隨波逐流而已——生活中方方面面的價值和意義：什麼是重要的，什麼是不重要的。當然，這種變化並非在一瞬間發生，不是在當時就完成了，而是像播下了種子，在此後漫長的歲月裡，緩慢但堅韌地扎根、發芽，直到今天，仍然在我身上持續地發生著作用。可以這麼說，我前面講述的那些工作經歷，無論取掉其中哪一段，都不會對今天的我產生影響。但是假如沒有在北京的這一段經歷，那麼今天的我肯定會是一個和現在很不同的人——如果說脫胎換骨有點兒誇張的話，那麼這段經歷起碼塑造了最初的我，就像給了我一個起點。如今我不會再為自己和別人的差異感到惶恐不安，相反，我珍視自己的個性。雖然我仍然很無知和膽怯，但在這之下多了一份堅持和信心。此後無論我打工或寫作，那對我來說都是一種自我精神的建設。

從北京返回老家後，我賦閒了幾個月，父母也不敢催我去工作，大概怕我一不高興又跑去「流浪和創作」。他們想要關心我，但不懂怎麼關心。對於這個社會，他們自己也倍感困惑、無所適從，因而也無力指導或提點我，並為此感到愧疚。

過了不久，之前編輯部的老闆得知我從北京返回，並且還沒去找工作，便邀我回他的公司。他的動漫資訊雜誌已經停辦，人員也隨之換了一批，並且租了個新的辦公室。他的新項目是一本影音器材方面的期刊，這是他比較熟悉的領域。除了這本刊物外，他還不定期地做一些選題特輯，內容大多翻譯、複製自日本和港臺的刊物。動漫他也沒有完全放棄，但不再辦雜誌了，而是做一些投入小、回款快的幼兒畫冊。他還接過一個把動畫片截屏加對話方塊轉製成漫畫的業務。除了圖書以外，他還做多媒體光碟，在自己的紙媒上打廣告，以郵購的方式出售。光碟裡的內容大多來自網路，我們按照選題進行歸類和介紹，然後設計一個介面，方便讀者檢索和訪問。以上這些是我們主要的工作內容，還有一些零散的項目就很難講清楚了。總之，只要能做的，我們都嘗試去做。結果是廣種薄收——我們做了很多東西，但並沒做出精品、爆品。站在老闆的角度，大概唯一值得安慰的是，在這種策略下，確實把所有人力、場所和設備充分及滿負荷地利用起來了，沒有絲毫浪費。我除了仍然負責排版和平面設計，有時也要兼任文編，後來還參與選題。不過，儘管我們都使出了渾身解數，發行方面的回饋卻不太理想。我們的產品大多都很平庸，毫無特色。這也不難理解，因為那都是我們在疲於奔命的情況下趕工出來的。為了生存下去，我們要不斷地做產品；只有把新的產品發到經銷商手裡，才能收回上一批產品的貨款。我們根本沒條件去打造什麼精品。

老闆對我們的發行人也越來越不滿，因為很多貨款他都收不回來。不過，這時我們的發行人是老闆的妻弟——猜最初是老闆帶他入行的——兩個人儘管鬧得很凶，也還是只能湊合著待在彼此身邊。漸漸地，我發現我們老闆也賴起賬來。他經常更換供應商，藉口對產品或服務不滿，然後賴掉最後一筆款項。他甚至還賴快遞費。因為快遞都是月結的，他賴了一家就換另一家，於是我們一年內換了好幾家合作快遞。儘管如此，他對我除了給錢不豪爽以外，其他方面都還不錯。可能因為我對他有用，他找不到替代我的人。他開給我的工資一直都很低，但從不拖欠。當時我和父母住在一起，沒有房租的支出，因此儘管收入微薄，但也可以得過且過。

我們的那本影音器材雜誌也沒能活下來，這時候刊物越來越難辦，讀者都不買雜誌，改為上網看資訊了。最後為了錢的緣故，我們的主編和老闆也鬧翻了。按照主編的說法，老闆沒有支付他應得的提成，卻提出用一對音箱來代替報酬。那對音箱是廠家送來給我們寫測評軟文的工程樣品，後來大概廠家賴掉了宣傳費，音箱被我們扣了下來。不過話又說回來，我們也向廣告客戶虛報刊物的發行量，實際三千冊的發行量我們說兩萬。這種做法在其他刊物那裡也很常見。所謂樹挪死、人挪活，君子不立危牆之下，主編決定離開公司，自己去創業。這時我也辭了職，於是他把我拉上，一起去搞一個項目。不過這是一次失敗的嘗試，前後為期只一個月，我沒把這看作一段工作經歷，這裡只簡單地講述一下。

主編因為業務關係認識了一個人，這裡姑且稱他為老江湖。老江湖在和我們相鄰的D市成立了一個汽車維修改裝行業協會。他找到我們的主編，是因為他想辦一本會刊，每期直郵給會員店鋪。但他不想花錢辦這件事，所以慫恿我們主編承包這本會刊，而他則幫忙招攬廣告客戶。我們主編當時也不過二十幾歲，社會閱歷不深，禁不住老江湖天花亂墜地忽悠，加上和原來的老闆在鬧矛盾，一時頭腦發熱便應承了下來，還拉上我一起去創業。我們幹了兩三周就發現不對勁了。老江湖和他的一個朋友把我倆當免費勞工，他們去查處汽修店時把我們也拉去助威，他的朋友還要我免費幫忙設計海報，可是老江湖答應的廣告客戶卻遲遲不見蹤影。他給了我們一遝汽配供應商的資料，讓我們打電話去拉廣告。這些供應商分佈在全國各地，聽都沒聽過老江湖的協會，根本不可能掏錢在我們會刊上登廣告，有些接電話的人甚至直接在電話裡罵我是騙子。直到我們把創刊號的內容做得七七八八了，老江湖才勉為其難地交了兩三個熟人客戶出來。可是區區兩三個版面的廣告，遠不足以覆蓋會刊的製作成本和郵遞費用。於是有一天傍晚，主編在和老江湖反復交涉無果後，帶著我灰溜溜地回到了原來的城市。

大約也是在這個時候，我父親突然中風入院，我在家照顧了他一段時間。後來他恢復得還可以，過了兩個月又能拄著拐杖走路了，只是力氣不如從前，精神狀態自此也一蹶不振。

我的第十份工作仍然和動漫有關，不過是我最討厭的那種。當時國家用行政力量扶持本土動漫產業：首先是限制國外動畫在電視臺的放映時間；然後對本土動畫進行補貼，比如同一系列的動畫，在電視臺放映每滿五百分鐘，就補貼多少錢；此外，還在稅務、場地租賃等方面有所幫補。對於這些令人目不暇接的利好政策，我在公司裡聽到的一種解釋是，我們的孩子從小看國外的動漫長大，價值觀就會受到國外的影響，所以國家扶持本土的動漫產業，這在本質上是意識形態之爭。對於這種解釋我不是很認同。我覺得絕大多數我們能看到的國外動漫，頂多只包含一些基本的普世價值，比如真善美、假惡醜，而不涉及國與國之間的意識形態分歧。不過我只是一個打工者，這些宏大的問題離我很遙遠。我新加入的公司剛成立不久，是典型的「政策的產物」。而且政府財政通過這種方式流到我們手裡，也並不比通過公款吃喝流到餐飲行業更糟糕。

我們公司既做動畫也做漫畫，我在負責漫畫的部門。我們的動畫是用 Flash 做的，畫面比較粗糙，內容相當無聊，和當時美國、日本的動畫是雲泥之別。不過我知道我們國內的同行還能做出更糟糕的作品來，而且照樣能上電視臺播放。我們老闆在影視音像行業深耕多年，積累了深厚的人脈，產品上電視臺播放自然也不在話下。我參與制作的漫畫同樣粗製濫造。為了多掙點兒錢，我還私下給公司投稿。我們公司公開徵集漫畫腳本，但投稿的全是我們這些在職人員。可是我們哪裡有時間去構思啊，其實都是從網上找來現成的，然後改頭換面一番，實質就是洗稿。公司並不管這些，只要我們簽訂版權合同就行，出了問題由我們擔責。當時我在認真交往一個女友，日常開銷有所增加，不能再兩袖清風佛在心中了。

而且大約也是在這段時期，我和之前在北京一起玩的幾個朋友疏遠了。我羞于向他們解釋我的現狀。我上班的公司就是他們深惡痛絕的那種公司，我每天做的產品就是他們深惡痛絕的那種產品，我就是他們在創作中所鞭撻的那種代表了這個腐朽社會的反動力量。我每天在製造垃圾、驅逐良幣、污染視聽，我還可以怎麼自辯啊？難道自欺欺人地說：「我沒有別的選擇，大家都在這麼做？」這跟直接和他們說絕交沒有什麼分別。（這是我當時的想法，後來我知道，大家都在不斷變化和成長。他們二十歲時聽性手槍樂隊，但三十歲時不會聽了。不是說性手槍不好，而是那種好只屬於二十歲。）可是我確實是太無能，即使投身污濁的洪流，經濟情況仍然是月光狀態。我的女友已經對我很不滿，隨便什麼小事都能沖我發一通脾氣。

這個時候，從前我在夜校的一個同學——這個同學離我住得很近，我們一直保持有聯繫——他正好也打工打到了懷疑人生。於是，有天他向我提議，不如兩人一起搞些生意。我也正覺得打工掙不到什麼錢，而且很浪費時間，於是和他一拍即合。經過商量之後，我們決定先去越南考察一下。當時我們想到，國內的經濟已經起飛，經商門檻變得很高，沒有什麼商機是別人沒想到過或嘗試過的了。而越南比中國落後十多年，且正在仿照中國搞改革開放，我們帶著領先十幾年的意識回到落後的地方，或許能發現一些好機會。於是我們先後辭了職，在網上聯繫到一個在河內留學的柳州女孩，請了她做我們的翻譯。

我們去了河內兩趟，先坐火車到南寧，然後轉一趟綠皮火車到憑祥，再從友誼關出境。我們找的那個翻譯女孩才剛畢業，還住在河內國家大學的宿舍裡，於是我們也在學校旁邊找了旅館。據說河內不如胡志明市繁榮，我們沒去越南南部，沒辦法比較。但光看河內確實很落後，市區裡的高樓非常少，商店看起來仿如國內八〇年代的風格。至於遺留下來的法式建築也已不再光鮮，很多已被改變了用途，變得不倫不類。翻譯女孩說，她學校的食堂從不洗碗，只用布抹一下，中國學生都會自備飯盒。我們在路邊小店裡吃米粉時，她又說，店家在桌上放幾隻小青檸，主要不是讓我們調味，而是給我們消毒碗筷用的。我不知道她是在開玩笑還是說真的，不過我趕緊用小青檸仔仔細細地擦拭了一遍碗筷。河內的物價不高，早餐店賣的法棍夾煎蛋，一份合人民幣三．五元，可以湊合吃飽。在河內，法棍就跟我們的油條一樣，隨處都能買到。我們還參觀了一座法國教堂，旁邊的小商店賣給遊客一些做工粗糙的貝殼耳環；還賣美軍士兵的遺物：火機、水壺和軍牌等。老闆說這些東西是從戰場挖出來的，也不知道是真是假，畢竟「越戰」已經過去三十幾年了。

我們的資金很少，做不了貿易生意，原本打算看看有沒有零售可做，但在河內逛來逛去，又向一些中國留學生請教後，我們卻始終沒想到能做些什麼。儘管河內確實要比國內落後十多年，但是去河內做生意，並不像想像中的「穿越回過去打江山」那麼簡單。首先貨物過境就要上關稅，這提高了成本。其次我們在越南語言不通，所有事情都要依賴翻譯，這既增加支出，效果也打了折扣。此外，我們對當地的政策法規、民情風俗等也一無所知，開始階段可能要交不少學費，我們未必承擔得起。最後，我們放棄了，回到了南寧。南寧是我們的「B計畫」。

和河內相比，南寧對我們來說要容易理解得多。很快，我們就物色了一個商場。這個商場主營女裝，原本有五層，後來又加建了第六層。商場的一至五層因為已營業多年，早已形成清晰的定位，店家也都各有熟客了。但六樓因為新開張不久，知道的顧客還不多，而且風格定位混亂，有人在賣大媽風格，也有人在賣少女風格，於是難得上來逛一圈的顧客，也只是感到索然無味。加上當初租金普遍談得過高，很多經營戶難以為繼，於是便紛紛退場。而空攤一旦多起來，顧客就更不想來逛了，這就形成了惡性循環。我們去到的時候，正好是首批經營戶退場的高潮。商場物業看到這種情形，正積極地動員業主降租，說先把場子做旺，租金自然會漲上去，否則是殺雞取卵。六樓共有約一百七十個店面，開發商和物業是同一家，他們把店面賣出去時，要求業主回簽十年的物業合同，由他們來對商場進行統一的運營和管理。在這種情況下，我們沒有付轉讓費，而且以較低的租金拿到了一個店面。這是我的第十一份工作。這次終於像人們說的，我給自己打工了。因為沒有積蓄，所以我跟父母借了兩萬塊，我的合夥人也拿出兩萬塊，合共四萬塊作為啟動資金，我們各占一半股份。當年南寧的經濟水準還相對落後，我記得商場樓下的螺螄粉賣三．五元，老友粉賣四元，綠豆糯米飯賣三．五元。

最初的幾個月，六樓確實沒有固定的顧客群，大多數逛上來的人，只是出於好奇而已，購買意願並不強。我們負責拿貨的是我合夥人的老婆，她照著自己的穿著風格拿，主要是些寬鬆、休閒的衣服。不過這種類型的衣服在樓下已經有很多，我們樓層比下面高、客流量比下面小，和他們賣接近風格的衣服占不到便宜。實際上商場裡越高的樓層，越適合做小眾風格。因為大眾風格賣的人也多，只能用來跑量，高樓層沒有那麼大的客流量。不過真要做小眾風格也不容易做——越是小眾的東西，就越是細分。我們自己不是那種風格的消費者，就很難在細微的層面把握那種風格。我現在說的這些，都是後來回過頭總結的。當時我們因為缺乏經驗，並沒有摸清這些門道。因為六樓實在太冷清了，多數經營戶都還沒有盈利，我們也不清楚問題出在自己身上，還是出在六樓的情況上。我們以為耐心地等到六樓做旺就一順百順了。就這樣過了幾個月，我們終於分析出一些苗頭：六樓和我們一起進來的這批新經營戶，普遍都很年輕，有些甚至還在讀書。他們通過自己的社交關係拉來的顧客，年齡也都和他們相仿，他們賣的衣服大多也針對這個年齡層。慢慢地，六樓的人氣提升一點兒了。我們逐漸看到，來逛六樓的顧客主要是些十六歲到二十四歲的小女孩，而我們賣的那種休閒服裝在她們看來太老氣了。

就是在這個時候，和我們一牆之隔的鄰店幾乎在一夜之間崛起。鄰店的老闆是個讀大四的藝校女生，她的店是男友出錢開的。她從老家找來表姐幫忙看店，自己則在週末去廣州拿貨。她的轉機出現在一本叫作《ViVi》的日本時尚雜誌上。這本雜誌針對的讀者群正好是十六歲到二十四歲的女生，主打的風格是嬌俏、甜美和洋氣。雜誌裡有一個模特叫藤井莉娜，在國內也相當有人氣。藝校女生一直在找這本雜誌裡的模特穿過的仿款，後來她終於找到了貨源。她身邊原本就有一個追雜誌款的圈子，在她找到貨源後，這個圈子的人就經常來光顧了。她賣的這種雜誌款對我們來說也很容易把握，因為只要照著雜誌拿貨就行了。而她的貨源我們也知道，因為她每次到廣州拿貨，都和我合夥人的老婆結伴。這時候，我和合夥人的分工已經確定下來：我留在南寧看店，他在廣州負責拿貨、發貨。這樣我們不必和別的店鋪一樣，每週都花兩夜一日往返兩地。當我們也賣起雜誌款後，藝校女生就和我們鬧翻了。她到我們店裡來大吵大鬧，罵我們不要臉，說我們抄襲她。她把氣全部都撒在我身上，因為我的合夥人在廣州，她鞭長莫及。我只好不停地安撫她，說些車軲轆話。但是在經營方向上，我們不能因為她罵就退縮。生意本來就是這樣，有時候確實很醜陋。而我們已經蹚了這渾水，這會兒不能再兩手空空地上岸了。又過了幾個月，我們另一邊的鄰店也找到了貨源，於是並排三家店都賣起了雜誌款。

像我們這種小店做的不是品牌代理，只是在散貨市場上挑貨拿貨，誰家的款式好賣，只要能找到貨源，別家也會跟風一起賣。所以店主們都對自家的爆款藏著掖著，生怕被鄰家察覺。我們和顧客談價格的時候，都用計算器敲出來，從不用口說，唯恐被鄰店聽到。生意場就是個爾虞我詐的地方，我們既彼此提防，也互相依存——比如在去買飯、上洗手間的時候，彼此幫忙看一下店，還有互相換零錢等等。而且每天十幾個小時在商場裡，怎麼也得聊一下天、打發一下時間吧。所以哪怕對誰有不滿，也儘量不鬧翻，見面時皮笑肉不笑就好了，這就使人很難不變得表裡不一、口蜜腹劍。商場裡有那麼多人，很多人又那麼閒，加上利益關係複雜，難免充斥著流言蜚語。有些經營者每天熱衷於搬弄是非，令我非常不適。我向來很在意別人對我的看法，常常會為此積鬱難紓。聽到別人在背後說我的壞話，尤其是無中生有的詆毀時，我會感到難過、沮喪。我經常會有遏制不住的想向別人「自證清白」的衝動。身處這種人際環境對我是十足的折磨。

幸好我們店開了不到一年就回本了。這些錢我可不敢攢著，因為競爭對手都在虎視眈眈，一停下來就可能被人淘汰。所以我先請了一個小妹看店，然後自己去物色新店面。我家小妹領到的工資是六樓最高的，其中主要是銷售提成。我給她的提成比例是其他店的兩倍以上，而且還設置了階梯獎勵。她最高的一個月拿到超過兩千三百塊，而其他店的打工妹大多只能拿到七八百。不久我就找到了新的店面，還是在這個商場的六樓，但位置比我們的第一個店好，就挨在主樓梯的旁邊，算是六樓的中心區域。因為我們的兩個店在同樓層，所以賣的衣服不能風格相同，以免自相殘殺。這個時候六樓的客流量已經起來了，和一年前不可同日而語。我們決定在新店賣一種品質比較好的學生風格外貿服，比如韓國品牌衣戀（E·LAND）和維尼熊（Teenie Weenie）的仿款。儘管是仿冒產品，但其中有些品質相當不錯，幾可亂真，價格卻只是正品的三或四分之一。我們因為在廣州和南寧兩邊有人，補貨非常便捷，所以採取薄利多銷的策略。其他店鋪大多每週或兩三周去拿一趟貨，故此調整得不如我們快。比如一批新貨上架，總有一些款式會特別受歡迎，迅速就賣斷，這時我們立即補貨，而他們只能等下趟拿貨時補。因為這個原因，他們不敢把利潤壓得太低。而我們因為可以快速大量地補貨，所以一旦碰到個爆款，我們就低價跑量。其他店甚至不敢抄我們的款，因為我們賣得太便宜。我們處理滯銷貨時，折扣力度也讓其他店不敢相信。因為滯銷貨不處理就會越積越多，拖得越久就越難處理，到最後一算賬才發現，錢沒有賺到，卻賺了一大堆賣不出去的衣服。我們是投入全部精力做這生意的。和有些三天打魚兩天曬網的店主不同，我們願意辛苦一點兒，以快打慢，就能立於不敗之地。這就像武俠片裡說的：天下武功，唯快不破。我讓小妹看老店，我自己看新店。新店剛開張時，銷售反應很不錯，把我心裡的擔憂一掃而光。

我不相信什麼報應，有些事情的發生只是內在規律的作用，雖然看起來很像是報應。就在我們新店風生水起之際，憂患已經扎下了它的根鬚。我們新店開張後不久，斜對面一家正對著主樓梯的店面也轉讓了。新店主是一家湖北人，夫妻倆帶著一個二十幾歲的兒子，兒子還有個女朋友每天來幫忙。像他們這樣全家出動搞一個小店，在我們六樓可是絕無僅有。按照他們的說法，夫妻倆從前做服裝批發生意，後來行情不好，他們就提前退休了。現在為了教兒子做生意，才租下這個小店來經營。他們開張後上架的第一批衣服，和六樓的定位很不吻合，我看見他們一天都難賣出一件。而且他們接手店面後完全不裝修，只換了個店招，我們在裝修上可是花過不少心思的。那時候我完全沒有料到，他們會成為我的一個棘手的敵人。有一點他們沒有撒謊，夫妻倆從前確實做過服裝生意，只是不知道是不是批發而已。他們很快就留意到我的店比較熱鬧，然後他們就對我採取了我們之前對藝校女生的做法——照搬我們的款式。他們四個人做一個店，考慮到人力成本，必定是要虧的，所以那對夫妻可能真的是在教兒子做生意。那個爸爸大約五十幾歲，頻繁地往返廣州拿貨，母子加未來兒媳輪流看店。因為他們不計成本，我們的優勢變得不復存在。而且那個媽媽的嘴巴很厲害，賣東西的同時還造謠抹黑我的店，說我們賣假貨，他們賣的才是正品。我因為沒法和她虛與委蛇，所以很快就和他們公開反目了。她就更加肆無忌憚地搬弄是非，令我苦不堪言。

這段時期還發生了很多事情。有一次，我的合夥人過來南寧——他每個月都會過來幾天，觀察商場裡的變化——和六樓的另一個店主打了起來。那個店主和我們一直是敵對關係，打架後他不服氣，打電話叫來了三個流氓，他們衣服裡夾著菜刀，想把我合夥人拉出商場去。但這時商場保安已經報了警，民警很快就趕到，三個流氓趁機溜了，但打架的兩人卻被帶到了派出所。在派出所裡，他倆被訓了大半天的話，後來又寫了保證書。民警警告他們，如果接下來還敢互相報復，一定加倍嚴懲。他倆被帶走後，我立即和那個店主的女友修補關係。那天晚上，我和我合夥人、那個店主和他女友，我們四人一起約在龍勝街吃了頓烤羅非魚，算是和解飯。因為已經被民警盯上，我們不太可能再起衝突。但他們畢竟是地頭蛇，而且我早先聽說，那個店主的女友的父母是一個偷竊手機團夥的頭領。大家都知道這件事，但好像都覺得這沒什麼大不了的。哪怕在背後，也沒有人對此非議。彷彿有人開女裝店，有人去偷手機，僅僅是不同的就業選擇而已。出於以防萬一的心理，吃那頓和解飯時，我也帶了把菜刀，用報紙裹好插在褲腰上，再用衣服蓋住。只要我們兩家店仍然競爭，敵對關係就不會改變，所謂的和解不過是說些虛偽的場面話。商場裡因為生意而起的爭執實在太多，幾乎可以說每天都在發生，只是很少有鬧到派出所去的。

另一件事情是我的女友這時和我分手了。之前她媽媽一直在攛掇她出國，但她在我和出國之間猶豫不決。也因為她的猶豫不決，我承受了不少她的負面情緒，她對我恨鐵不成鋼。事實上，我已經委婉地暗示過她，我會尊重她的決定。也就是說，無論她怎麼做，我都支持。但我不敢主動提分手，因為只要我提分手，她就會罵我沒出息、不上進、不負責任等等。或許在很多人看來，她是對的。在那段時期，我們之間發生的很多事，都極大地挫傷了我的精神。最嚴重的時候，我感覺自己快要得抑鬱症了。因為這個緣故，當她最終決定要出國時，我真實的感受不是難過，而是解脫。我清楚自己的能力滿足不了她。今天，她早已成了一個外國人，過著積極、樂觀、充實的生活。可見她當初的決定多麼明智——我們現在維持著友好的聯繫，而不是鬥個你死我活。不過當時，我在解脫之餘，似乎還被一種「無欲無求」的茫然感籠罩著。因為在之前一段時期裡，她一直是我投入工作、經營生意的重要動力來源，如今「擔子」卸下來了，我的力氣好像也消失了。

我在南寧總共待了兩年多。在生意進入正軌後，我有接近兩年時間，每天就兩點一線：早上一起床就去商場，晚上十點多才回住處。全年除了春節以外，我沒有其他休息日。後來我離開南寧後，發現自己在南寧除了商場幾乎哪兒都沒去過，很多地名聽都沒聽過。那段日子，我的精神完全局限在商場和生意裡，外面發生什麼我既不知道，也不關心。甚至北京在舉辦奧運會，我也無知無覺。或許只有汶川地震打斷過我片刻。因為當時商場裡有震感，整棟大樓搖晃了幾下，嚇得物業迅速清場，所有經營者都撤離到了樓下。這是那兩年商場以外發生的「新聞事件」裡我唯一有印象的一件。

二〇〇九年春節，商場要休業幾天。大年三十的那天下午，很多店主都提早回家了，我請的小妹在前一天就走了。我最後一個走出商場。因為買了晚上的火車票，我有一段空閒時間。天上正飄著毛毛雨，地面濕漉漉的，平日熙攘的大街上一個人也看不到，所有商店都關門了，遠處傳來斷斷續續的爆竹聲。我在唯一亮著燈的麥當勞吃了晚飯，然後走去火車站。在空空蕩蕩的馬路上，我心裡有種萬念俱灰的感覺。今天的我不會再產生那麼誇張、矯情的感想。我生在和平年代，從沒經受過真正的苦難，說什麼萬念俱灰未免貽笑大方。但我確切地記得那個下午——或者說那個下午之所以鐫刻在我的記憶裡，就是因為我當時產生的強烈感受：人來到這世上，並不一定是件幸事。

我們的新店沒有和業主簽訂租賃合同，而是和前店主簽了轉租合同，因為當初我們並不是信心滿滿。由於兩個店鋪在商場的同一層，不能賣同樣的款式，我們必須發掘出一種新風格。在這個問題上，我們有點兒擔心會重蹈老店的覆轍。和業主直接簽約是要付前店主轉讓費的。而我們這時已經打聽到，這個前店主其實就是業主的親妹妹。周圍的店主說，這個妹妹很貪玩，根本無心經營，當初她姐姐把店鋪交給她，就是想借此約束她。後來妹妹懷孕了，於是想把店鋪轉讓出來。我和合夥人商量：與其付她一筆轉讓費，然後和她姐姐簽約，還不如每個月多加點兒租金，直接從她手上轉租。轉租的好處是省下的轉讓費，可以讓我們有更多的試錯空間。而壞處是沒和業主直接簽約，將來可能會被前店主要回經營權；或者前店主和業主的合約出了問題的話，我們也會連帶受影響。不過，既然她們是親姐妹，租賃關係必然很穩固，基本不會發生變卦。現在這個妹妹要生育孩子，那麼以後難免要投入更多時間到家庭裡，加上她原本就沒怎麼認真經營，將來再回來開店的可能性極小。於是，我按照轉租的方式試著和那妹妹談，最後談成了。可是或許人倒楣起來，喝涼水都會噎著。過了一年之後，妹妹竟然聯繫我，說想要回店鋪繼續經營。我不知道她葫蘆裡賣什麼藥。我從多個來源獲得的資訊都說，她從前並沒有事業心，開店時經常幾天不見人影。再說這時候她的孩子還不滿周歲，她怎會想到回來繼續賣衣服呢？假如她是想漲租，可以直接和我談，沒必要繞這個圈子。後來我懷疑她是受了別人的唆使，比如受了和我合夥人打過架的那個店主的唆使。我只能硬著頭皮和她磋商，結果只是多爭取到了三個月。當時我已經有些社恐的症狀了。比如說，每當看到有顧客要進店時，我心裡的反應不是振奮，而是厭煩和恐懼。我有時會回避和人交談，除非對方是我信任的熟人。當有不認得的人對我笑時，我會感覺其中包含了惡意。當我在沒有被激起憤怒的情況下和人發生爭執時，我會止不住地打寒戰——我不清楚人們說的「氣得發抖」是不是指這種情況，但從前我生氣時並不會這樣。

第二個店被要回去之後，我和合夥人協商退出，我說我不想再做生意了。我們友好地拆了夥，沒有任何因利益而生的齟齬。在我離開南寧後，他又找了一個合夥人，是他老婆的一個親戚。後來他們最多時開到了四個店，但現在已經改行，不做個體女裝了。我離開南寧後回了家，但沒有立刻去找工作。我這時其實已經找不到哪怕只是稍微好點兒的工作了，但這不是我不去工作的原因。在南寧經商的這兩年多，我天天困在一個不見天日的封閉空間裡，身邊盡是笑裡藏刀的競爭對手，耳邊則是無窮無盡的流言蜚語和惡意中傷。我從來不在背後說人壞話，但在生意的操作上，我必須主動地侵占別人的利益，想辦法擠垮競爭對手——因為商場每天進來的客人就那麼多，他們買了你家的，就不會再買我家了。有時我也會自責和不忍，比如面對那個藝校女生，但更多的是憤懣和憎恨。當我結束了商場的生意，回到室外的廣闊天地時，我產生了一種畏光的反應。我已經很久沒有生活在陽光下了。在南寧的時候，我只有每天早上走路去商場的短短十五分鐘裡能曬到太陽。我這時變得怕人、疑神疑鬼，經常覺得路人用異樣的目光看我。但我回家後照鏡子，琢磨自己的穿著，卻沒發現有哪裡與眾不同。有時我會朝盯著我看的路人反瞪回去，但他們的表情很自然，有的甚至都沒在看我。我不再接陌生人的電話，有時熟人的也不接。我在同學群裡不再發言，召集聚會也不去。有個老同學給我打了很多電話，我始終沒有接。在那之後很多年，除了和我合夥做生意的那個同學外，我再沒和其他同學聯繫過。（我回避老同學，除了精神狀態的原因外，還因為我覺得自己不如別人。後來，我花了很多年才克服這種不恰當的自卑心理。）其他朋友假如在QQ上給我留言（當年還沒有微信），我經常琢磨很久才回復。我怕措辭不能面面俱到，於是反復糾結，哪怕對方只是說了句很隨意的話。而且越是重視的朋友，我打交道時越拘謹，而面對不那麼重視的熟人時，我反倒輕鬆得多。

03：寫作

"我的生活中，無論是工作、生意還是感情方面，都充滿了挫折和痛苦。我在一套我不適應的價值系統裡尋求肯定，然後不斷地失望和失敗。當然，我不能把失敗的原因都推到外部環境上。只是我也沒必要尋求別人的認同。我應該做我喜歡和擅長的事，比如說寫作。"

有一天，我在路邊走，前面一輛非法摩的搶在紅燈前衝過馬路，然後突然拐彎逆向駛來，蹭到了猝不及防的我才剎停。我並沒有受傷，只是嚇了一大跳。我很生氣地罵了那個人，還用拳頭砸了他肩膀一下。這時周圍的人圍上來，都異口同聲地指摘我，說我不該為難一個摩的哥。他們的邏輯是，摩的哥是底層人，每天日曬雨淋地謀生，對他們應該寬容。這聽起來也沒錯，但假如他蹭到的不是我，而是一個孕婦呢？對我的反問，群眾沒有回答。相反，看見我還口硬，有一個年輕人站出來說：「你很喜歡打架對吧？我來和你打。」不過他馬上被旁邊的大媽大爺拉走了。老人們的意思是以和為貴，誰也別追究誰，各走各的路吧。其實我根本沒想追究，我可能是在發洩心裡滿溢的憤恨。再說摩的哥掙過的錢，未必就比我掙過的少；他的工作也可能沒我做過的累。這是我過往的人生中，僅有的一次在公共場合和其他群眾對立，直接面對周圍所有人的責難。這件事記錄下了我當時隱性的歇斯底里、情緒緊繃、一觸即發的精神狀態。雖然不完全是因為這件事，但大約就是從那時起，我每天把自己關在房間裡，很少再外出。女裝生意拆夥後，我還了父母兩萬塊，手上還剩下幾萬。我父母不知道我經歷了什麼，直到今天仍不知道。他們看到我不工作、不外出、不見人，於是莫名地擔憂和胡思亂想起來，但又無計可施。他們都是溫和、講道理的人，理解不了這個社會有時並不講道理。不過我關在房間裡也不是整天發呆，我開始嘗試寫作。這時是二〇〇九年十月。

做個體生意確實很占用人的時間。不過在女裝商場，正常要到下午兩三點後，客人才漸漸多起來，早上幾乎都沒有客人。所以我有時會在店裡讀書，以打發時間。我讀了一些純粹消遣的書，也讀了一些文學作品。當時我讀過的文學作品屈指可數。我讀了《麥田裡的守望者》，非常感動。塞林格的《九故事》和西摩一家的幾個故事我都很喜歡。在我看來，他的所有作品，都在寫純真和與這個世界的格格不入，乃至被毀滅。我最初的寫作就是從模仿塞林格開始的。在那之後我又讀了雷蒙德．卡佛，他描寫的日常生活的崩塌令我深有感觸。還有理查．耶茨，他非常溫柔，非常感傷，當年的我遠比現在更迷戀那種感傷。還有杜魯門．卡波特，他有幾個帶自傳性質的童年故事寫得特別感人，比《第凡內早餐》要好。我當時對這些美國的現實主義作家很感興趣，因為他們描寫的生活和情感在我心上有共鳴。這可能是商品社會、消費主義等征服全球的結果：人們的生活經驗普遍地同質化了。隨著讀的文學作品增多，我對現實則感覺越來越疏離。我的生活中，無論是工作、生意還是感情方面，都充滿了挫折和痛苦。我在一套我不適應的價值系統裡尋求肯定，然後不斷地失望和失敗。當然，我不能把失敗的原因都推到外部環境上。只是我也沒必要尋求別人的認同。我應該做我喜歡和擅長的事，比如說寫作。顯然，在這段時期的我看來，現實世界有多貧瘠，精神世界就有多豐饒。

然後我又讀到了歐尼斯特．海明威。海明威的寫作題材倒是和我的現實生活相距甚遠，而且他是個和我很不同的、某些方面相反的人。不過海明威提過一個「冰山理論」——他認為冰山之所以雄偉壯觀，是因為露出海面的只有八分之一，而水下的八分之七我們只能想像。對於文學作品來說，海面上的八分之一是文字和形象，水下的八分之七是思想和情感。前者是作者的著筆處，後者則寓於前者之中。這對於剛開始寫作的我來說無疑是很有益的提醒。相對於寫出來的部分，沒寫出來的部分應該更龐大和厚重；而小說的藝術就是在有限的文字和形象裡蘊含無限的思想和情感。我最初的寫作就是對此的實踐。我研究怎麼留白，總是在琢磨不要寫些什麼，而不是要寫些什麼。不過後來隨著閱讀量的積累和閱讀面的擴大，我意識到「冰山理論」不是唯一的真理——藝術沒有不能打破的原則——而是一把非常銳利的匕首。我當時寫了一批取材自我真實經歷的小說，人物和情節幾乎都有原型，貼到一個文學論壇上和其他寫作者交流。不久後，我有些作品發表在文學期刊上了，但得到的稿費非常低。我記得有篇八千字的小說，收到的稿費不到三百元。這是我拿過的最低標準的稿費，因此至今仍印象深刻。我曾經短暫地幻想過此後以寫作為生，但很快就打消了這種念頭。

現在我在這篇文章裡講述的過往經歷，涉及了當時那批小說使用過的大多數的經歷素材。如果兩相對比著讀，或許別有一番趣味。我的那批小說給人的感覺是嚴肅、古板、僵硬，又悲天憫人、苦大仇深。和那批小說相比，現在這篇則輕鬆得多——不僅是讀者讀著輕鬆，我寫得也輕鬆。因為這篇文章只是原本、如實地講述我過往的工作和生活經歷，不必動腦筋虛構。其實我非常不擅長虛構，尤其是在情節上面。除此以外，這篇文章還包含了很多我在小說裡不會著筆的部分——也就是水面下的那八分之七。我在這裡會直接向讀者概括我做每個決定的原因和動機，分析我當時的內心感受和精神狀態，介紹我置身的環境和更多背景……我不敢說這些內容全是客觀的，因為不存在客觀的寫作。哪怕同一事件的不同參與者，事後的複述都不會完全一致，因為我們在觀看和感受時必然帶著主觀的視角和立場。我只能盡我所能地尊重事實，努力做到不偏不倚。此外，做一些事情時，我們心裡可能有多個動機同時在發生作用，有些動機甚至連本人都察覺不到。而我講述的內容畢竟發生在很久以前，很多事情我只能勉強記起其中最主要的動機了。回歸正題——我這段寫作的日子維持了兩年多，它當然不是一份工作，但我對待它的認真和投入，要超過我做過的所有工作。

自從開始寫作後，我養成了記筆記的習慣，把自己平常的一些碎片式的想法和感悟記下來。翻閱自己過往的筆記，我想把其中兩段摘錄到這裡。第一段是對我在北京「流浪和創作」的那段日子所汲取的精神內容的消化。那段經歷一直是我最珍視的，它對「我之為我」施加過重要的影響。當然我們犯過很多錯，傷害了一些人，不過有一點，即我們當時對真誠的無限嚮往和對自我的要求——儘管有時體現為自私、任性和粗魯，但這些是可以在日後被認識和克服的——是我至今得到過的最重要的啟示，是曾照亮我的第一柱光。第二段筆記則記錄了我在某天某個時刻對「工作」這件事的負面感受。這兩段筆記都是多年前記下的，如今看來可能偏激和幼稚，但這些是我思想曾經的漫遊軌跡，間接或直接地闡明了後來我對待「工作」這件事的態度轉變。

第一段筆記的內容關於搖滾，原標題是「搖滾之為藝術」。不過今天的我會把標題改為「不要溫順地走進那良夜」：

（A）搖滾作爲一種藝術形式的一個顯著特點是，它的形式成就更大程度和更直接地依附于藝術家本人的獨特個性、精神氣質。

（B）搖滾樂的魅力在於藝術家本人和他的音樂之間的極致和諧：藝術家的靈魂（內容）和音樂（形式）的一致。

（C）搖滾藝術家終生都在探尋和自己的靈魂最吻合的聲音。

（D）因此搖滾藝術家最不能包容匠氣，最反感精巧、優美、嫻熟但缺乏靈魂的音樂。

（E）搖滾反對虛僞、麻木、中庸、秩序和教條，但搖滾本身常表現出任性、粗暴、偏激、迷亂和絕望；搖滾的力量在於破壞而非建設。

（F）搖滾常常以「不健康」的方式瘋狂地叛逆「健康」的現實世界。

（G）最好的搖滾樂未必由最動聽的曲子、最優美的唱腔、最嫻熟的表演構成；搖滾樂甚至常走到另一個極端：鄙棄技巧、熟練和工整，偏愛簡單、率性和粗糙。

（H）「偏見」往往更富創造性和表現力。藝術不排斥「偏見」，因爲藝術不以觀點和主張爲目的，它只關心「偏見」是否獨特和精闢。搖滾對待「偏見」也一樣。

（I）況且世上從來沒有全見，只有偏見。

（J）寫歌是創作，表演也是創作；表演是以行爲展示爲形式的藝術。

（K）因爲搖滾同時也是表演藝術，所以它不反對演繹，但它反對虛僞的演繹；嘗試在創作中表現自己不眞正具有的胸懷、情緒和態度是對搖滾精神的反動。

（L）搖滾精神的核心是眞誠。

（M）一支搖滾樂隊的靈魂人物常常是其中個性最突出者。

（N）人們常說，搖滾不是一種音樂類型，而是一種精神。這句話的意思是，搖滾在本質上是一種把個人和生活藝術化的形式而不是對音樂形式本體的探索。因此搖滾樂常被批評爲「粗糙的音樂」。

（O）這決定了搖滾藝術家更注重對人性的探索和對感知的提煉，直到對靈魂的拷問……搖滾藝術家會必然地不斷深入、豐富和塑造自我，把提煉自我視爲自己藝術成就的最大甚至唯一保證。

（P）雖然對自我的提煉體現在最終作品和行爲裡，必然與對音樂形式的探索結爲一體，但兩者是先後、主從的關係。

（Q）因此儘管搖滾藝術家最初就具有異于常人的個性，但伴隨著自我提煉他們還會不斷變得更敏感和極端，這出於他們維持藝術生命和鞏固原創性的本能。哪怕自己身上最微不足道的方面，他們也要追求最鮮明獨特的形式；最後他們身上愛和恨兩者的品質都大到他們承受不了，甚至導致精神崩潰或瀕臨崩潰。這往往不是他們有意識的行動，而是精神上的自發行爲。

（R）搖滾既鍾愛也需要自毀式的英雄。

（S）所以這是條不歸路：當他們決定或被迫停下來時，他們的藝術生命就終結了。「死了」的搖滾藝術家仍然可以寫歌和表演，但那是另一種情況了。

（T）因此搖滾比別的藝術形式更需要藝術家獻身，這完全是不由自主的；而仍在世的搖滾藝術家裡有很多是「死了」的搖滾藝術家。

（U）但是對自我的過度演繹和詮釋是平庸者難以察覺的窠臼；眞正的搖滾藝術家都是天才，而且具備天才的自覺。

（V）或者說，搖滾是屬於天才的藝術。

（X）和浮士德一樣，搖滾歌手拿靈魂和魔鬼做交易，伴隨才華而來的是孤獨、矛盾、痛苦和疲憊；眞正的搖滾樂哪怕表面聽起來歡快或生機勃勃，實質都是藝術家在墮入深淵的過程中發出的哀號。

第二段筆記的內容關於工作，沒有標題：

完全爲了謀生而工作，就和坐牢一樣可悲，所以很少人聲稱自己是完全爲謀生而工作的。慣常的說法有：我對我的工作內容感興趣，我喜歡我的工作夥伴，工作使我感到生活充實等等。這些說法就算眞實，也很片面——不工作我們也同樣可以從事自己感興趣的事情，和自己喜歡的人交往以及過得充實。老一代的人更坦誠，他們會反問不工作怎麼養活自己。他們不覺得用工作囚禁自己、限制自己的自由是可悲的。相反，他們以盲目的勞動爲光榮。確實，那時候我們沒有藝術家和哲學家，所以只有懶人才不工作。就如毛姆所說，並不是每個人在不用爲溫飽奔忙後，依然知道自己該幹些什麼。是曾經艱難甚至殘酷的年代迫使我們變得可悲地單調和狹隘，但如今社會環境已經改變了。消費主義成了一種新的意識形態，囚禁卻始終存在，我們只是看似更自由了而已。而且，相比於限制你做所有你想做的事情，向你灌輸你需要些什麼並給你途徑去實現，無疑是更牢固和持久的促成社會穩定的手段。但這其實仍然是奴役人的方式。而在這樣的社會規則下，個人自我實現的最主要手段依然是工作。所以我們不僅很重視自己的工作，同時也很關心別人的。工作已經成為一個人最重要的身分標籤。老同學老朋友久別重逢，首先要問的是對方現時的工作。在火車上邂逅的陌生人，往往在交流到彼此的志趣愛好之前，都已經打聽了對方的工作。確實有人天生適合在社會規則下通過工作——我指的是大眾認可的有物質回報的工作——取得成就和享受快樂。

但並非人人如此。工作本是生存的手段，而不是人生的目的。只是社會的發展使我們不至於像我們遠古的祖先一樣，即使賣命工作仍免不了凍死和餓死。今天我們不用花上五天五夜不眠不休地追蹤一頭猛象，在自己徹底累垮之前扳倒獵物，然後拖著血淋淋的肉塊步行幾十公里回到自己居住的那寒冷的洞穴，餵飽自己渾身長滿毛的妻兒。是的，今天我們大多數人如果一覺醒來，發現自己處身那種境況，大概會選擇自殺了之。幸好我們已經發展出非常複雜的社會規則和生產手段，使我們的工作高效、體面，這和血淋淋的原始狩獵完全不像是一回事——儘管它們仍然是一回事。

第十二份工作：04

”這一年我在網上花了太多時間，一方面做網店客服，另一方面在文學論壇讀帖、回帖。我覺得自己和現實生活有些脫節了。我想多親近自然，或者說我想多遠離社會。“

我在家裡待了接近兩年，似乎又有點兒想到外面走動了，加上這時寫作也遇到了瓶頸。雖然我和父母住在一起開銷很小，但畢竟在不斷買書，手上的錢已花了一半。我覺得自己的狀態還是不能工作：我怯于和生人面對面地打交道。正好這時有個舊同事，他是之前我參與制作的那本動漫資訊雜誌的另一個美編。他待人很隨和，可以隨便開玩笑，我們的關係很好。後來他也選擇了做生意，而且做得比我好。他在廣州上下九的一個商場裡，從最初的一家店，開到了這時的六家店。我們重新聯繫上，約出來敘舊，愉快地聊了一整天。他告訴我，實體店已經越來越難做，將來的趨勢是往線上轉移。我們這次見面是在二〇一一年中，他當時剛租了一個六百平方米的倉庫，打算認真地經營網店，同時逐步關掉實體店。他知道我在南寧做過女裝，又聽說我這會兒沒有工作，就勸我也開個網店。我當然租不起大倉庫，他建議我在批發市場旁邊租個房子，然後挑一些款式放到網店上，但不要囤貨，賣出一件才去批發市場拿一件，這樣的話不需要多少本錢就能把生意做起來。我聽從了他的建議，完全按照他說的去做了——這是我的第十二份工作。

我的網店生意不太好，但因為成本實在很低，所以還能維持收支平衡。我仍在繼續讀書和寫作，所以對於網店，並沒有百分百地投入。我以為自己能兼顧兩件事，實際上兩邊都沒有做好。當年的淘寶遠不如後來競爭激烈，很多網商在幾年後回憶說，那幾年是做淘寶的黃金時期，隨便搞搞都能賺到錢——可我就是隨便搞搞的，卻並沒有賺到錢，可見我有多麼不擅長賺錢。另一方面，雖然我多數時候只是躲在出租屋裡，但畢竟還要出來拿貨和發貨，所以每天要和批發商、快遞員打交道。我和他們的交往也堪稱災難。因為我的補貨量不大，每次在每個攤就拿幾件，所以總感覺抬不起頭，有時不敢直視攤主的目光。實際上這根本沒什麼，每次只拿幾件的人多了去了，但我就是克服不了自卑和畏葸的心理。而且我不是完全沒有囤貨。出於面子，一些賣得比較好的款式我會多拿一些，減少去補貨的次數，避免見到攤主時尷尬。

我希望自己像透明的一樣，沒有絲毫存在感，不被所有人留意。可是事與願違，大概我確實和其他來拿貨的人有很大不同。有個攤主大概對我印象很深，因為我禮貌文靜，來時問好，走時謝謝，從不多廢話，也不提要求。我長期和她拿一款T恤，因為批發幾乎都不講價，所以我從不跟她談價錢。有一天我去補貨，她主動提醒我，這款T恤降了兩塊。我突然反應過來，之前幾次我去補貨時，她已經是一副欲言又止的神情。顯然這款T恤早已降價，但是我不問的話，她又覺得主動告訴我會很奇怪——既然我對老價錢滿意，她何必放棄到手的利潤呢？我回想當年開女裝店時，雖然我一直在南寧，從沒親自拿過貨，但每款衣服的進貨價是知道的。有些衣服在剛上市時價格較高，但隨著商家擴大生產，成本會逐漸降下來，加上有其他商家抄款，所以調價的情況是常有的。一般有採購經驗的人，每次補貨都要和攤主確認價格。而我因為本身就不想和人說話，加上覺得自己補貨量小，心裡不好意思，又缺乏採購經驗，所以在和她拿了第一次貨後，就再沒問過她價格了。瞬間想明白這些事後，我覺得很羞愧，甚至無地自容。在那次之後，我再沒和她交易過。我覺得自己像個傻瓜，羞於再被她看見。

我和快遞員之間也有一些故事。當時在「四通一達」裡，業務最好的是圓通，其次是中通，最差的是匯通（現已改名為百世）。我因為發貨量不大，所以選擇了匯通，一般匯通對小客戶的收費會更低。來收件的快遞員很年輕，十八九歲。我覺得和他打交道很難。他不像個業務員，完全還是個孩子。和他約定時間沒有用，因為他不太守時。問他幾點有空他也從來都回答不上。而且他從不上樓收件，而是提前給我打電話，讓我到樓下等，有時要等很久。以上這些我其實完全能體諒，也沒有責怪過他。我最不能忍受的是，有時他會到晚上才告訴我，因為太忙不能來收件了。這害我有些貨要推遲一天發。在當年，很多用戶對網購還沒有習以為常，一些新用戶特別容易緊張，付款後幾個小時就來催發貨。於是我每晚守著快遞小哥的電話，怕忙別的事情錯過了，又不敢打過去催；如果他遲遲不來，我就會越來越焦慮——這使得後來我開始胃痛了。有一天那個小哥請假，另一個年長的快遞員代替他來收件。這個快遞員沒讓我到樓下等，而是上到我屋裡來收。我給他運費的時候，他皺著皺眉頭問我：「你一直是給他這麼多嗎？」那個小哥一直跟我收每件八塊。我回答說是的。年長的快遞員罵了句：「操，這小子！」我立即明白了，他跟我要了八塊，但交給網站的不是八塊。這時我和他合作都半年多了，假如我早點和他老闆溝通，或者多和他砍砍價，都不至於多付那麼多運費。我很懊惱，覺得自己無能，被一個小孩子耍著玩。我不想再見他了，第二天開始我改發中通。那個匯通網站的老闆，也就是承包商——我沒見過她——還給我打過電話。她沒問我為什麼不找他們發貨了，因為她心裡清楚，她只是委婉地打聽中通給我什麼價格。中通的價格也是八塊，但我沒有告訴她。

而在寫作方面，這時的我越來越覺得自己之前寫的那些現實題材小說老土、過時。我好像進入了「嬗變期」，羞於讀自己早前寫出的所有小說。在文學論壇上的交流也促進了我的這種自卑感，儘管從交流中我也得到過不少有益的啟發。

我前面兩年喜歡的那些作家，這時也已經不怎麼喜歡了。他們的小說我曾反復研讀，有些篇目可能都讀過十遍以上，確實也該讀膩了。我開始向「現代主義」進軍——其實這是一種審美上的功利思想，但我當時沒有意識到。隨後，我把模仿的物件從塞林格調整為卡夫卡。我還在回帖中表示：我不再喜歡卡佛了，因為他太受歡迎、太好懂，他的寫法如今已被總結出套路。我還有另一個模仿對象：詹姆斯·喬伊斯。但僅限於他的《都柏林人》，當時我還沒讀過《尤利西斯》。可是好像沒人看出我在模仿他，所以我沒針對他說過什麼。

漸漸地，我察覺自己有時對別人隱隱懷有惡意。比如說，當時我曾擔任論壇的客席版主，用戶發到小說版的每篇作品我都要讀，並且要儘量回帖。而在回帖時，我對一些其實我不懂欣賞的作品發表過很多不恰當的點評，且大多是偏向否定的。當時我完全意識不到自己可能挾帶了惡意。我認為自己在堅持一種誠實的評論風格，也就是心裡怎麼想嘴上就怎麼說。而且這個論壇的言論風格一直是尖銳、直率和不講情面的；相比於評論的適度與否，大家可能更反感油滑、抱團和互相吹捧的混圈子習氣。為此我肯定挫傷過一些人，因為我沒有在自己能力不及處閉上嘴。實際上我表現出的攻擊性，是我在寫作上的自卑感導致的心理防禦。

當我意識到這一點後，我感到非常沮喪。我對自己、對寫作都產生了懷疑。我想脫離互聯網一陣子。這一年我在網上花了太多時間，一方面做網店客服，另一方面在文學論壇讀帖、回帖。我覺得自己和現實生活有些脫節了。我想多親近自然，或者說我想多遠離社會。這些是我隨後遷往雲南的一方面原因。

另一方面原因是，我面上的錢幾乎一直沒有增長。也就是說，開網店的收入，剛好和房租伙食的支出相當。而我在房租和伙食方面是非常節儉的。我這次做網店大約做了一年多，其間還搬過一次家，因為我換了個批發市場。我越來越無心經營，尤其是越來越不想和批發商、快遞員、房東打交道。我的寫作也陷入僵局：我想推翻自己之前的寫作，可是卡夫卡不是那麼好模仿的，何況我還是半心半意地在寫。終於有一天，我覺得這麼過下去不行：我的生意沒做好，日子過得很拮据，在網上對人也不友善；我的精神狀態不健康，心態已經開始有些扭曲。由此我想到，是時候換一個環境了。我指的不是從城市的這邊搬到那邊，而是搬到一個完全陌生的地方去。這時，我和一個當年在北京的朋友恢復了聯繫。他這時在畫童書插圖，屬於自由職業者，無論搬到哪兒都行。我們經過商量，最後選擇了雲南。當時有另一個朋友向我們推薦了大理，說他想搬到大理去，於是我倆決定先去。但後來，推崇大理的那個朋友並沒過去。

05 第十三份工作和第十四份工作

”這次我在大關邑住了一年多，因為沒有去上班，每天都過得很愉快。我不覺得自己在虛擲光陰、蹉跎歲月。在我看來，只要是認真度過的日子，最後都不會沒有意義。這個時候假如亞歷山大大帝來問我需要什麼，我也會說，別擋我的光線就好。“

二〇一二年九月，我和朋友最終定居在了下關。我們各租了一套房子，他繼續畫畫，我則找工作上班。我租的房子有兩個房間、一個廁所、一條走廊，沒有客廳，租金是一季度一千塊。我沒有裝網路，因為我想減少上網，我對自己之前的表現很失望。而且我的寫作暫停了，這時我覺得自己沒什麼可和人交流的。不過我仍然在記筆記。前面摘錄的那篇「搖滾之為藝術」就是在這時記下的。我還用上了智能手機，是我出發到雲南前買的一隻二手華為。當時的安卓系統還很簡陋，那個手機的解析度只有 320×240。就是從這時候起，我的寫作工具從電腦換成了手機。一直到二〇二〇年，我才重新回到電腦上寫作。

我在下關找到的工作，也是我的第十三份工作，是在一個商場做物業管理，也就是保安。這個商場面積不大，我們只負責一至三層。四樓以上是超市、家私城、住宅，那些都不歸我們管。我們被分成四個小組，每個小組四個人，全天二十四小時三班倒。這種排班方式正好和我早年在加油站時一樣。不同的地方是，這時我的工資是一千五塊，而當年在加油站是一千八百塊。也就是說，十二年過去了，在勞動強度相當的情況下，我的工資反而少了三百塊，由此可見下關有多麼不發達。不過這正好是它吸引我的地方。在我們商場四樓的超市裡，四塊錢就能吃一頓速食，街上的粑肉餌絲一碗五塊，我的房租一個月三百三十塊，所以其實一千五百塊也足夠用。下關的位置在洱海的最南端、洱河的入湖口處，城區臨湖而建，西依蒼山，風景非常秀美。我的下關同事經常對我說：我們下關最好在！一副很自豪的樣子，彷彿與有榮焉。在下關話裡，「好在」不是「幸好」的意思，而是「宜居」的意思。我的新工作很輕鬆。我以為只有上了年紀的人會做這種工作，而我也更願意和長者打交道。結果，我的同事裡有好幾個和我年齡相仿，甚至還有一個二十歲出頭的小夥子。我清楚這份工作沒有前途，但我不想考慮未來，只要好好活在當下。我認為自己寫作上的平庸，是受了我過的平庸生活的影響。我渴望以一種全新的眼光去看待生活，發現生活。

我們有一間小小的值班室，是用鋁合板加玻璃搭建的，藏在商場大樓的後面、單車棚的旁邊。看管這些單車、電動車、摩托車也是我們的職責，所以要分出一個人坐在值班室裡。在商場裡巡邏很無聊，哪怕我以最慢的步速，逛遍三層也用不了半個小時，何況還不止我一個人在巡邏。實際上每天裡的大多數時候，商場裡都冷冷清清，所以當我走過時，一個個營業員的目光就隨著我挪動。有些同事喜歡和她們聊幾句，但我從不和她們說話。商場正門外的停車場已經承包出去，不用我們費心了。但我有時也會逛出去，裝模作樣地左顧右盼，好像在檢查車輛的安全——因為我在商場裡待膩了，想出來透透氣。我們上白天班的話，就輪流到值班室裡坐。值班室裡也很無聊，但起碼有些報刊可看。我更喜歡上夜班，因為可以輪流睡覺。領導也是睜一隻眼閉一隻眼，因為下關實在太太平——大概連犯罪分子也有上進心，紛紛去往更發達的地區發展了。有一晚，我們還在值班室裡燒烤，顯然他們不是第一次這麼做了。反正大家怎麼做，我也怎麼做，雖然也知道不對，可是心裡很坦然。不過令我有點兒驚訝的是，他們竟然用一隻家用電暖器來烤食物。那只電暖器的結構有點兒像紫外線滅蚊燈，只是體積大得多，裡面裝的不是紫外線光管，而是紅外加熱管。為了保護使用者，散熱的一側安了鐵柵網。他們就把它橫下來，食物擱在鐵柵網上烤。雖然不如炭火加熱快，但正好以此打發漫漫長夜。平常這只電暖器就擺在大家腳邊，早已沾滿了塵垢，可是大家不在乎，我也不在乎。我們每人出了二十塊，一個同事騎電動車出去，直接跟燒烤攤買醃好的食材。他還帶回來一瓶雪山清蕎酒。不知道為什麼，大家覺得我不敢喝，因為這是在上班。或許在他們看來，我是個循規蹈矩的人。可是我才不在乎！他們喝，我也喝。他們看見我喝了，都豎起大拇指。

我在下關過得很舒心，雖然工資不高，但每天干八個小時，從沒加過班。我的能力勝任工作有餘，因此很安心。我的同事對我很友好，可能因為我是唯一的外省人，他們有時對我就像對外國人一樣客氣。在他們當中，我覺得自己沒有社交障礙。他們不瞭解我的過去，我也不瞭解他們的，我們彼此不打聽。他們顯然心地單純，思想都很簡單，大概因為工資就一千五百塊，再會來事也沒用。沒有人耍什麼心計，可能懂得耍心計的人都去更好的地方發展了。下關的氣候我也很喜歡，冬暖夏涼，陽光足，雨水多，風也大。似乎這裡的老天爺特別慷慨，每種元素都加倍地施與。我上了兩個月班，感覺身心都舒泰，比之前好多了。

有一天，人事部的經理把我叫進辦公室。她對我說，商場四樓的烘焙店在招學徒，工資也是一千五百塊，但總比做保安好。她勸我說，做保安學不到任何手藝。雖然很捨不得我的同事，但我毫不猶豫地接受了她的好意——哪怕僅僅是為了不讓她失望。那家烘焙店的老闆就是我們商場老闆的女兒，人事管理是在一起的。對於我從物業部調職到烘焙店，我的同事大多表示贊許，說我做保安浪費了。他們還叮囑我：「記得搞些點心下來給我們吃啊。」他們是開玩笑的，但我後來確實那麼做了。

烘焙店的製作車間分為麵包部和蛋糕部兩部分，兩邊各有一個製作室（我們叫整形室）和烤房。麵包部還有一個發酵房、一個攪面室、一個做起酥和牛角包的小工作間。此外還有一個共用的配料室。我被分配到了麵包部。這時店裡僅有一個蛋糕師傅，據說麵包部的師傅剛走了，後來過了一個多月，老闆才重新請了一個。麵包部總共有兩個組長（其中一個是新招的）和六個學徒。很快我就發現，在麵包部我的年齡是第二大的，兩個組長都比我年輕。八個人裡，有三個白族、兩個回族、兩個漢族、一個傣族。作為新來的學徒，最初我負責各種雜活兒，比如分面、揉面、配料、分料、填料。蛋撻、酥餅、曲奇之類技術含量低的產品我也要參與，但麵包的整形不大讓我插手，因為我整出來的每只都不一樣。兩個組長一個負責打面和整形，另一個單獨負責起酥、牛角包、法棍和吐司等產品。自然了，忙不過來的時候，分工就沒那麼嚴格了，我也會被叫去整麵包，這時就不說我整的每只不一樣了。我在整形室待了一個多月，來了一個新的麵包師傅。這個師傅是重慶人，已改行做業務員，他到我們店裡來，原本是為了推銷麵粉，但我們老闆把他留下，請他做了我們麵包部的師傅。由此可見在下關，找一個有水準的麵包師傅並不容易。新師傅對我們的工作做了些調整，從這時起我被分配到了烤房，負責烤麵包。

發酵好的麵包在進烤箱前後，一般還要進行些加工：烤前的工序有發酵後的整形、刷油、刷蛋液、撒香料等；烤後的工序有擠奶油、撒糖粉、嵌水果、裝飾等。烤房裡除了一組三層的大型商用烤箱外，還有一隻風爐烤箱，用來烤蛋撻、酥餅、曲奇等；一台電熱油鍋，用來炸甜甜圈等；一台自動發酵櫃，這個櫃比發酵房方便，帶有定時功能，平常是冷藏狀態，到達預設時間才開始增濕增溫。我們每天下班前把整形室做好的產品放進去，第二天早上一上班就可以立即烤了。烤房的上下班時間比整形室早一個小時，比店面的開門時間早兩個小時，所以我們烤房的兩人總是最早到，我記得上班時間好像是七點。下關的地理時區是東七區，因為使用北京時間，所以天亮得晚。起碼在冬季，每天早上我到店時，天還是全黑的。

我們的常溫產品只賣一天，所以每天都要把賣剩的處理掉。早上我們回到店裡，會先把前一天剩下的產品吃掉，這樣可以省下早餐錢。有時早上我回到店時，會看見老鼠從麵包堆裡竄出來。因為晚上關店前這些麵包被撤櫃後，都直接堆放在工作檯上，沒有用罩子罩起來。不過大家好像並不介意，吃之前先檢查一下，只要沒被啃過就行。老鼠是滅之不盡的，在商場裡從事過餐飲的都清楚，慢慢地人就麻木了。我們烘焙店和超市在同層，超市的倉庫也在四樓。對於老鼠來說，這整個樓層暢通無阻，可以躲藏的地方太多，食物也太多。我們採用了很多滅鼠手段，粘鼠板是其中最有效的，基本上每晚都有捕獲。可是不管捕獲多少，新的老鼠總是源源不斷地湧現。這讓人不由感慨，相比于個體的智力或敏捷，繁殖力才是物種的決定性優勢。我們老闆可能也知道我們每天吃過期麵包，但她就像不知道一樣，從來不過問。相比於給我們漲工資，請我們吃早餐對她來說更划算。只要她不過問，我們吃壞肚子就是自己的責任，因為我們是偷吃的。

既然我是學徒，自然會學到點兒手藝。但烘焙店畢竟不是學校，人家沒有義務教會我什麼。蛋糕部的師傅就對我們說過，他十七歲到蛋糕店打工，最初的三年，師傅只讓他烤蛋糕坯，他什麼都沒學到。他的意思是讓我們服從安排，讓幹什麼就幹什麼，不要老惦記著學手藝，因為那不是一朝一夕的事。實際上，師傅主要負責研發新品、採購材料、安排工作和品質監控等，並不常待在我們身邊，很少會直接指導我們。平常和我們一起幹活兒的是兩個組長，他們才是我們的老師。

但是組長並不喜歡授藝解惑。一來是因為他們確實忙，二來是出於一種「教會徒弟餓死師傅」的顧慮。只要涉及利益，人和人的關係就不會簡單。對於學徒的提問，他們是很敏感的，故意語焉不詳，只告訴我們必要的部分。我還在物業部的時候，比如向同事請教扶手電梯怎麼開關，他們會立即詳詳細細地告訴我。因為開關電梯不是一門有價值的技術，他們不會因為教會我開關電梯而被我取代。可是做麵包卻是有價值的技術，假如去專門學，報個入門班也要幾千塊。這些技術他們當初也是經受了種種刁難後才學到的。所以當我遇到困難向組長請教時，得到的往往不是即時和詳盡的解答。他們會突然地部分喪失表達能力，對著我急得皺起眉頭、抓耳撓腮，仿佛在腦裡飛速地遣詞造句，但就是半天吐不出一個字來。最後，他們一般這麼說：「你去問某某（另外某個學徒）吧，我已經教過他了。」於是我就去找他說的那個某某。某某比我早來幾天，但和我一樣也是學徒，都處在人事結構金字塔的最底層，按說和我應是難兄難弟，彼此間有著深厚的階級情誼吧。可是就是在他們嘴裡，我也很難得到認真的解答。他們會誇張地笑著反問：「哎呀原來你連這個都不知道呀？」這句話會反復說好多遍，可就是不直接回答問題。有時他們會讓我猜，要不就故意用一個錯得離譜的回答來逗樂。假如我孜孜不倦地要得到答案，那就得和他們磨很久的嘴皮子，浪費很多時間。我一般都沒有這種耐心。他們不想說就讓他們自己幹好了。我其實並沒抱著來學手藝的念頭，但是他們顯然都有——他們會用手機把每個產品的配方、做法拍下來——而我只是來打工而已。況且這份工作也不是我自己找的，而是人事部的大姐好心推薦的。當我察覺他們都不太樂意教人後，我就不再請教他們了。我不想看到他們難堪和虛偽的模樣。無私是一種高尚情操，但或許並不是做人的基本原則。我也不想經營人際關係，因為我原本就很不擅長。這時我只想和所有人保持最簡單的關係——越簡單越好。不過我完全沒有受到傷害或不高興。畢竟我比他們年長，閱歷比他們豐富，理應更懂得包容。實際上除卻這點，我和他們關係很好，共事很融洽，從不起爭執，下班後還經常一起聚餐、活動，比如去全民健身中心、團山公園等地方玩耍。

我這次在下關待了大半年，精神狀態比之前好了很多。我的那個朋友待了三個月後離開了。二〇一三年，我因為私人原因也離開下關去了上海，並在上海工作了一年多。這段經歷單獨記錄在〈在上海打工的回憶〉一章裡，這是我做過的第十四份工作。在此之前我從沒去過上海。但我母親出生在上海，直到六歲時才隨我外公外婆離開。我外公是常州人，外婆是蘇州人，從小他們就教我和我姐說上海話。不過他們自己說的上海話都帶有口音，我母親離開上海時年齡太小，加上在外面生活多年，發音也不標準。所以我到了上海後只說普通話，不說上海話。有次我的同事聽到我和我媽用上海話通電話，他說我的上海話聽起來像「新上海人」。不過我不清楚他說的「新上海人」是指哪些人。

二〇一四年，我辭掉了上海的工作，再次回到了下關。上一次我在下關是住在龍溪路寧和巷，這次我住到了洱河北岸的大關邑村。起先，我想在下關做些小生意。我手上有小幾萬塊，當年和我一起短暫到D市創辦會刊的主編也說要和我合夥。我們計畫在下關開一家進口零食店，主編在廣州給我發貨，我負責經營銷售。我當初去上海前，下關還沒有一家進口零食店，可是這次從上海回來，卻發現已經開出了好幾家，不過生意都不太好。我試著去找店面，但始終沒遇到合適的，後來我就放棄了。

這之後我開始擺起地攤。我在大理學院下關校區周圍擺——這可不是免費的，每月要給城管交一百五十塊，他們開給我的收據是一張罰款單。我在淘寶上找貨源，賣些可愛風格的文具，價格從幾塊到二十幾塊不等。我擺攤一天只能掙到四五十，如果下雨我就沒收入了。可是城管還經常跑來添堵，說什麼明天上面有領導來，接下來一周不要出攤之類的。我不敢頂風作案，所以只能斷斷續續地擺。錢他們當然是不退，我們也沒辦法追究，因為那是罰款而不是租金，不過也沒多少。我一般中午擺兩個小時，晚上擺三到四個小時。

這段時期我恢復了寫作。我的閱讀量已經增加了一些，眼界也更開闊了。我不再抱著模仿卡夫卡這種幼稚的念頭。這段時期我的作品篇幅都比較短，可能和我改用手機寫作有關。我開始寫一些非現實題材的小說。此外我重新練起了吉他。我在淘寶上買了把便宜的琴，自從當年離開北京後，我已經有十年沒認真碰過吉他了。在我離開上海時，一個同事送我一雙亞瑟士（ASICS）跑鞋，另一個同事送我一隻百銳騰（Bryton）碼表。所以回到下關後，我仍然保持著在上海時養成的跑步習慣。我一般在全民健身中心的噴泉廣場跑，最多的一個月跑了兩百四十五公里。我的房東是一個白族老太太，不會說漢語，卻很喜歡和我說話，每次看見我都要抓住聊幾句才放我走。可是在我和她相處的一年多裡，我沒聽懂過她說的任何一句話。我見面只是對她微笑，不斷地微笑，她邊說我邊笑，直到她也笑起來。這次我在大關邑住了一年多，因為沒有去上班，每天都過得很愉快。我不覺得自己在虛擲光陰、蹉跎歲月。在我看來，只要是認真度過的日子，最後都不會沒有意義。這個時候假如亞歷山大大帝來問我需要什麼，我也會說，別擋我的光線就好。

不過與此同時，我也會認真地思考一些很消極的事情。我沒有抑鬱症，這一點我非常肯定。我只是不喜歡社交而已。這篇文章分享了我的工作經歷，難免也涉及我生活中其他的一些方面。因為它們原本就是難以分割的整體，單獨拎出一部分來講述，很難不令讀者感到疑惑和費解。但是有些內容我願意分享，有些則不願意，所以恐怕還是要令讀者疑惑和費解。一個人可以非常樂觀，同時又非常悲觀，這並不矛盾。人的精神形式是複雜的，有時甚至是複調的，可以有多段旋律同時在奏響。我不想分析促成當時我精神狀態的各種因素，而且我也未必有那能力。我翻到了一段當時記下的筆記，或許能從側面有所反映。這段筆記的題目是「太陽下山之後」：

仿佛所有快樂都湊到了晚上。雖然太陽下山之後，溫度下降了不少，但是把防風的大衣披上，把帽子扣到腦袋上，出門倒也並不覺得冷。走到水邊的廣場上，孩子們正在放煙花。在閃著光的夜空下，他們追逐打鬧著。有那麼多的快樂，讓人感覺所有不美好的事情和人性離自己是那麼遙遠，絲毫也損害不了我們的幸福。回到家後再喝一點兒小酒，就更加深了這種感覺。

不過放煙花和喝酒，都是晚上才能做的事，白天我們還是面對現實爲好。現實就像一個力大無窮、整天在胡說八道的野蠻人，不過最後他總能證明自己是對的。誰要是膽敢質疑他，那可就得吃大苦頭嘍！那些說要接受現實的人，其實只是想方設法地讓現實接受自己。而說不接受現實的，則可能剛剛被現實拒絕。對此不能抱有精神勝利的想法。在現實面前，連「勝利」的念頭都不要有。對於現實，我們眞的很難說出些什麼，是不會被人挑剔、不顯得幼稚或自欺欺人的。所以最好還是少說一點兒。或者索性閉上嘴巴，什麼都別說。

如果我被石頭絆了一跤，就爬起來自己再摔一跤，然後拍拍屁股繼續走路。這樣一來就顯出了石頭的可笑。在接下來的幾十萬年裡，它將孤獨地反省到自己施與人的痛苦是那麼地毫無必要和微不足道。最後它會成佛，學會善待這個世界。

藝術家常常乞靈於精神的純粹——自己本身是什麼，就更加要是什麼，有時甚至發展到匪夷所思的地步，發展到令人困惑和驚恐的地步。但是藝術家的精神若達不到那種純度，他眼中的世界就不會閃閃發光，他也就不知道該怎麼去創作。這或許從另一個角度應驗了貢布里希所說的：實際上沒有藝術這種東西，只有藝術家。

在擺攤的日子裡，我仍然和之前烘焙店的幾個同事碰面、聚會。他們這時跳槽到了一家線上上賣鮮花餅的作坊，生產車間在小關邑村，和我住的大關邑村挨得很近。有一天，我從前的一個組長——如今是鮮花餅作坊的「廠長」——告訴我他打算結婚和辭職，然後搬到他老婆那邊開個麵包店，問我有沒有興趣和他合作。他是洱源人，他老婆家在賓川。於是我和他一起到賓川實地考察了兩趟。我們的目的地不在縣城，而在離縣城二十公里的賓居鎮。因為他老婆剛調到鎮附近一所小學做老師，所以他們決定在鎮上安家。如果從地圖上看，下關到賓居其實不遠，可是中間橫亙著大片的山巒，兩地間沒有直通的公路。我們只能繞一個大彎，先從下關坐小巴到賓川，再換乘一輛鄉鎮公交到賓居。

在初次去往賓川的小巴上，我用手機記下了當時車內的情景和我的心情。我覺得這比現在再概括一遍更能生動和準確地反映我當時的狀態，所以我直接把它摘錄在這裡。這段筆記沒有題目：

據說沒必要遷居到鄉村去，因爲大隱隱於市，因爲心遠地自偏。不過我正坐在開往鄉村的小巴上，爲即將到來的搬家做著準備。連續晴了很多天，才剛下了一陣雨，天氣預報說，明天開始又是連續的晴天。這場雨就像一籠香噴噴的肉包子裡混著的一隻饅頭，用來調節我們被飽滿多汁的肉包子寵壞了的口感，保存我們對於美味的敏銳的感受力。

車上的每個人都喜氣洋洋，因爲馬上就要過年了，等待著他們的將是睽別多時的親人和豐盛可口的飯菜。小巴在蜿蜒的山路上歡快地顛簸著，我和同行的朋友彷彿也受到這歡樂祥和的氣氛感染，開始熱烈地討論起這個熱情款待我們的現實世界，究竟是由一股偶然的必然性力量所支配呢，還是由一股必然的偶然性力量所支配。最後我們誰也沒有說服誰，各自愉快地保留了意見。

這時，坐在車廂前面的幾個農民工吸引了我的注意力。他們上車後就不停地大聲聊天和嗑葵花籽。他們把葵花籽殼吐得滿地都是，好像並沒有看到旁邊的一隻垃圾簍。司機在開車前只是冷淡地掃了他們一眼，什麼話也沒有說。看來他早已被這些隨性慣了的人折磨得麻木了，再也不願在教訓他們這件事情上浪費哪怕一分力氣。

透過偶爾聽到的隻言片語，我知道這些農民工都沒有領到全部的工錢。他們在城市裡工作了一年，每個月只拿到一點兒生活費，在工程完成之後，原本應該兌付的薪金卻不見蹤影。現在他們正要回家過年，不難想像，幾乎身無分文的他們回到家裡要遭遇多少難堪的場面。可是他們都沒有表現出哀傷或憤慨，他們的眼睛都炯炯有神，說起話來鏗鏘有力。他們興致勃勃地討論著社會分配的公平問題，熱誠而粗率地比較了改良主義和徹底革命在推動社會進步方面的積極作用和負面影響。他們都對未來懷著熱切的憧憬，恨不得春節趕緊過去，好立刻回到他們嚮往的工地上，為自己即將擁有的幸福多打一分基礎。

看到他們這種積極的生活態度，我不由得在心裡感慨，看來少懂一些道理，對大多數人來說是有益的。不過我知道還有一些更優秀的人，他們懂得很多的道理，可又從不把那些道理放在眼裡。他們熟悉道理就像老練的舵手熟悉水下的暗礁一樣，他們掌握這些道理是爲了提防它們有天猝不及防地露出水面擋住他們的去路，妨礙他們獲得生活中那些原本唾手可得的快樂。正是因爲有了這些優秀的人，社會的快樂總量大幅度地提高了。我們正好活在有史以來最偉大的時代，我們肩負的歷史使命就是勇敢地享受更多的快樂；而不是像我們的前代人一樣，忙於應付各種各樣的貧乏和愚昧，克服無窮無盡的苦難和悲傷。可以這麼說，在今天，任何一個不快樂的人都是可恥的、不負責任的。要不是我此刻還坐在小巴裡，我眞恨不得立刻放聲謳歌生命，謳歌世界，謳歌這個美好的時代！

其實這是我當時做的一種寫作練習，記錄的內容雖然經過了誇張和虛構，而且顯然有所反諷，但其中表現的樂觀、歡欣和滿不在乎，確實是我當時的真實精神狀態。

06 第十五份工作

「我的滷味定位在零食，而不是熟菜，但這裡的人似乎對零食興趣不大。或許零食是在物質富裕後增生的欲望，或是在生存壓力下的精神排解。」

我和前組長從二〇一五年春節前開始籌畫，經過幾個月的反復商量、考察，事情終於敲定下來：他在賓居租下了一個店面，經營麵包店；然後把小半邊分租給我經營熟食店。我們共同分擔租金，彼此壓力都小，還可以互相支援。店招和裝修我們在賓川縣城找人來做。我在下關的新橋集市採購了不銹鋼工作檯和置物架、一台帶冷藏的熟食銷售櫃、一台飲品杯封口機，然後又在京東採購了一台二二八升的臥式冷櫃和兩隻電磁爐。去辦營業執照時，我發現自己的身分證過期了，換新證必須回到戶籍地。我不想跑這一趟，所以營業執照我沒辦。因為我和前組長的店面是相通的，他有營業執照就行了。而且當年有個扶持政策：個體戶月營收不超過十萬的可以免稅。因此，我實際上也沒有偷稅漏稅。比較棘手的問題是居住。在賓居沒有外來人員，所以也沒有出租屋。我費了一些工夫，才在鎮衛生所對面找到一戶農家，願意租出一個房間給我，租金是一千兩百塊一年。終於，二〇一五年四月，我們兩店同時開張了，這就是我的第十五份工作——之前在下關擺地攤我不認為算是一份工作。

我們的店開在鎮中心的新街上。所謂的鎮中心其實就是兩橫一豎三條街，從這頭就能望到那頭。鎮上有一家兩層的超市，請了一群年輕女孩做幫工。這些女孩二十歲上下，可能是從下面村子裡來打工的。我的店開了沒幾天，她們中的幾個跑到我店裡來，也不買東西，光是提問，然後捂著嘴笑。她們有的是結伴來，嘻嘻哈哈，互相取樂；有的則獨自來，猶猶豫豫，畏畏縮縮。她們看起來都不像要買我的東西。我覺得很奇怪，想不明白她們要幹嗎。但我很快就醒悟了：她們都是待嫁的姑娘，還沒有物件，因為鎮上來了新人，所以專門來和我打個照面；假如我也有這方面的意思，就可以和她們搭訕了。而和我同來開店的前組長因為已經結婚，所以她們就沒到他的店裡去。這些女孩物色異性的方式我從前在城市裡從沒碰見過，倒是有點兒像珍・奧斯丁描寫的情景——不過我不是貴族也沒有財產。她們都只來一次，看我沒和她們搭訕的意思，大概就明白了。後來我再去超市碰見她們時，她們的態度已經和接待普通顧客差不多。

賓居地理位置偏僻、人口少且分散，是一個以農業生產為主、極少有外來人員的地方。雖然鎮上每週有一天趕集——下面村子的人會到鎮上來消費，但帶來的商機很有限。這裡顯然不是個有發展空間的地方。但是我已經不想考慮什麼發展空間了。我出生在廣州，到上海打過工，又在廣西的省會南寧做過生意——我已經在有發展空間的城市發展了很久，可是並沒有發展起來。這說明我不是一個適合發展的人。我從來沒有在農村生活過，鄉下的一切對我來說都很新奇、有趣，這會兒我很想體驗一下。或許我從前過得不順利，就是因為生錯了地方。而且光是賓居周圍的自然景觀就對我充滿了吸引力。我設想只要熟食店開始產生盈利，我就請一個小工幫忙，自己抽出一半時間寫作，長久地定居在這裡。原本我以為這不難，實際上不然。

我的熟食店主要經營兩個品類：滷味和飲品。滷味我主要做鴨貨和素菜，偶爾也做些泡椒花生和雞爪。不過在賓居買不到鴨貨材料，蓮藕也很難買到。所以我買了輛二手電動車，每週到縣城採購一到兩趟。飲品的材料我則全部在淘寶上購買。我做的飲品包括各種口味的珍珠奶茶和果汁，都用粉包或濃縮液調配。另外我還熬煮蜜豆椰汁西米露、桂花酸梅湯、蓮子枸杞銀耳羹、海帶綠豆糖水等幾種甜品。在此之前，賓居只能買到一種甜品，叫作涼蝦，是把凝結成水滴狀的米漿粒泡在紅糖水裡，賣一．五元一碗。

我覺得我做的產品都是賓居此前缺少的，但不知道為什麼，我的生意並不好。我的滷味定位為零食，而不是熟菜，但這裡的人似乎對零食興趣不大。或許零食是在物質富裕後增生的欲望，或是在生存壓力下的精神排解。但這裡的人好像既不富裕，也沒什麼壓力。鎮上的菜場裡已經有一家熟菜店，如果我也改做熟菜，店面的位置就很不利，很少人會特意繞過來買菜，而且我很難再兼營飲品了。事實上，我的飲品和滷味營收差不多，而且飲品做起來沒那麼麻煩。但我也不能改成單純的飲品店，因為離我不遠已經有兩家飲品店，店面都比我大，還設有桌椅、提供零食，顧客可以坐下來聊天和打牌。我的店面只有幾平方米，是我的工作區，沒地方讓顧客坐，飲品只能外賣。我的優勢是每個品種都比他們便宜。但如果完全做飲品，鎮上根本沒那麼多外賣的顧客。

我曾在朋友圈裡記下了二〇一五年六月六日這天，我從早到晚的全部工作內容。假如不是有這條朋友圈，我現在肯定想不起自己當時每天都做了些什麼，因為那些工作太瑣碎了。我把這條朋友圈的內容整理如下：

8點：起床，把昨晚泡在鹵水裡的鴨貨和素菜撈出，燒開鹵水，重新放入鴨貨和素菜煮二十分鐘，關火繼續浸泡。把昨晚解凍的鴨腸洗淨、汆水、剪段，浸入關火後的鹵水中（鴨腸不在鹵水裡煮制，只浸泡）。

9點30分：開電動車去縣城，採購了十公斤鴨腿、十二公斤鴨脖、四公斤鴨腸、一公斤鴨掌、五公斤蓮藕及其他雜物。

11點：回到店。把浸在鹵水裡的鴨貨和素菜撈出上櫃，開門營業。煮好當天珍珠奶茶的粉圓，調好檸檬水。煮甜品。

13點：解凍鴨貨生料。備素菜：藕片、剝殼雞蛋、海帶結、豆腐皮。

15點：解凍後的鴨貨生料洗淨、焯水，和素菜一起泡入常溫鹵水中。

16點：桂花酸梅湯沽清，重新煮了一鍋。

17點：把剛才泡進鹵水裡的鴨貨和素菜撈出，燒開鹵水，重新放入食材煮二十分鐘，關火繼續浸泡。

18點30分：把浸泡過的鴨貨和素菜撈出，用風扇吹涼後上櫃。

20點30分：解凍鴨貨生料。備素菜。

22點：解凍後的鴨貨生料洗淨、焯水，和素菜一起泡入常溫鹵水中。

23點：打烊。冷藏剩下的食材。製冰。清潔店面和器具。洗刷廁所和倒垃圾。

0點15分：回住處洗澡、洗衣服。

1點15分：回到店裡。

1點45分：睡覺。

當時我對冰塊的使用量預估不足，因為我的奶茶和果汁是即點即制的，每杯裡開水和冰塊的添加量約為一比三，充分搖勻後液體和冰塊的比例約為三比一。因為沒買製冰機，當時我用冷櫃加大量冰格製冰。為了留出冷櫃空間，我不能存放太多鴨貨生料。所以每次我去縣城採購的量都不大，但每週要去一到兩次。上面記錄的這天就是我的採購日，否則我應該在早上九點半左右開門營業。我的滷味一天要出兩鍋，早上一鍋，下午一鍋。因為食物放進銷售櫃後，水分會逐漸蒸發，口感會越來越差，所以我不敢一天只做一鍋。

我晚上在店裡打地鋪，則是由於我租的房間是水泥預製板搭建的，房頂只有薄薄一層，沒有隔熱設計。在夏天房頂曬了一天的太陽後，晚上屋裡就像烤箱一樣炙熱，根本不可能睡著。夏天還有一個煩人之處，就是蟲子非常多。我們這排店鋪的後門外是一條三米寬的小路，路下面就是農田。街對面的那排店鋪後面也是農田。我記得店剛開的時候，地裡種的是大豆。後來大豆收了，又插上玉米。大豆在鎮上的菜場裡賣〇．八元一斤，玉米的價格我忘了，只記得也很便宜，所以這些農地的經濟效益很低。但是到了晚上，裡面會飛出很多很多蟲子。像天牛、鍬甲、屎殼郎這些品種，我在城市裡從沒見過，在下關也很難見到，但是現在每天往我店裡鑽。還有各種各樣的蝗蟲，如果仔細分辨，大概能數出幾十個品種。

最可怕的是大水蟻，成千上萬地聚集過來，簡直無孔不入。可是我在做生意，又不能不開燈。我記得蟲災最嚴重的幾晚，我們被迫提早關門，因為大水蟻已經落滿我們全身，到了無法驅趕的地步。只要我敢打開熟食櫃的玻璃門，它們馬上就會成群地擁進去。生意已經沒法做了。

夏天雖有百般不好，卻幫襯了我很多冷飲生意。進入秋天以後，隨著氣溫的不斷下降，飲品和甜品變得一天比一天難賣。滷味受到的影響較小，但銷量也不如之前。這時候，早先說想和我合夥開進口零食店的主編又聯繫上我，勸我回廣州和他合夥做網店。這次他非常熱情，每天聯繫，反復遊說，為我分析利弊，向我描述未來。我在賓居的生意確實遇到困境，我的店面面積非常小，經營內容和方式的選擇不多，對於將要來臨的冬天也沒做預案，這時的處境確實有點兒尷尬。更重要的是，賓居不是個日新月異的地方，這裡的人口就這麼點兒，未來也不會有很大變化。一方面我可調整的空間很小，另一方面外部條件也沒有可預見的變化，那麼今天我克服不了的障礙明天照樣也很難克服。我在賓居每天忙碌十五六個小時，連讀書的時間都沒有；如果生意一直是半死不活，看不到改善的可能，那確實就不是長久之計。我權衡了很久，最後還是決定離開。我和合租店面的前組長協商好，在二〇一五年底回了廣州。

07 從第十六份工作到第十九份工作

"我知道自己在他心目中是一個信得過的老同事、老朋友；無論我和他的價值觀差異有多大，他都覺得可以信任我，不必提防我。實際上他要提防的人，是那些價值觀和他相近的人。"

主編早已離開媒體行業，和人合股經營了一家生產汽車倒車攝像頭的工廠，他是個小股東。但是因為人力成本越來越高，競爭越來越激烈，工廠已經難以為繼，他和另一個小股東都在另謀出路。這次做網店他除了拉上我以外，還拉了我們當年的另一個同事，這個同事現在和他是情侶關係。不過在我回到廣州前，他們並沒告訴我這一點。現在主編是大股東，另外那個同事和我是小股東。我們三人時隔十多年再次共事，這是我的第十六份工作。我們這次合作共維持了一年零六個月。實際上還不到一年時，我就想要離開了，但礙不住熟人的情面，又徒勞地耗了些時間，最後幾乎是在消極地應付了。

剛開始時，我住在主編工廠的員工宿舍裡，八人的房間只住了兩人。有時他的工廠忙不過來，我們也上生產線幫忙。主編這時著迷于一個做創業內容的播客，主持人叫羅振宇，節目名稱是「羅輯思維」，當時很受歡迎。他熱情地向我大力推薦這個人和節目。我聽了一下，不但沒覺得好，反而有些反感。主編說羅振宇是做文化的，我既然要寫作，就應該多關注他。我說羅振宇是在做行銷，不是做文化，他是個商人。但主編說羅振宇也賣書，是個文化英雄。他告訴我羅振宇是這樣賣書的：事前不告訴買家是一本什麼書，然後向買家收取全款，買家要收到書後才知道自己買了什麼。他通過這種方式，一次可以賣出兩三萬本冷門的歷史書，而且還不打折。我覺得很震驚，但並不佩服。我猜那些買書的人，大多並不會真讀。他們買書的動機，我覺得很可疑。但是主編很崇拜羅振宇。而且他和我說話的腔調，也越來越像羅振宇了。之前我在雲南時，根本不知道有這麼個人，所以沒能洞察到主編的這些變化，還以為他真的發現了好機會，所以才表現得那麼熱切和自信。

他還讓我讀一些他買的經營創業方面的暢銷書。我認真地讀了一些，國外作者寫的稍微好一點兒，國內作者寫的則都很噁心。但主編認為這些書對我的寫作也有幫助，因為萬事萬物皆有相通的道理。他說我寫作好多年，至今還沒成功，也該反思一下了——話這麼說是沒錯，但我知道他說的成功是什麼意思，我真正要反思的不是他認為的那些方面。有天我們聊天的時候，主編隨口說了句我太感性。我馬上糾正他，說我是個非常理性的人，起碼比社會上大多數人都理性。主編聽了不以為然，笑嘻嘻地看著我，表示他認為我在胡說。我瞬間就明白，他把理性和功利（無貶義）混為一談了——他認為一個人如果不按功利法則行事，就是不理性。我記得十多年前，我和他都還是二十幾歲，彼此間並沒有這麼大的差異和分歧。不過他對我確實很友善和慷慨。他的經濟情況也不好，但對我仍關照很多。我知道自己在他心目中是一個信得過的老同事、老朋友；無論我和他的價值觀差異有多大，他都覺得可以信任我，不必提防我。實際上他要提防的人，是那些價值觀和他相近的人。

主編開宗明義地告訴我，他想做的不是什麼網店，而是文化品牌，網店只是我們最初的途徑而已。不過因為他說過羅振宇做的也是文化，所以我對他說的這些不以為然。我們先註冊了一家公司，然後以公司為主體，在淘寶上開了個企業店。後來回過頭看，企業店和個人集市店其實沒有區別。

但當時，天貓店已經暫停了我們想做的品類的申請。而且天貓店畢竟投資門檻高，我們打算謹慎地從底層做起，慢慢積累經驗。我們的主營產品是車用香薰，最初從批發市場採購，然後找廠家做貼牌，最後自己設計和生產。以上這些都是主編早就想好的，無論後來有沒有我的加入，他都會照這個方向去做。

不過在二〇一六年，淘寶的流量已經發展到天花板，活躍用戶數很難再增長，平臺的發展趨勢是提高客單價，往更高的消費層次提升。在這個背景下，像我們這種中小賣家，越來越難獲得站內的免費流量——要不就自己到站外引流，要不就付費獲取流量。其實按照我們當時的經營水準，更適合的平臺是拼多多。但我們三人都沒用過拼多多，對拼多多的印象很刻板，覺得那是個只能做低端產品的平臺。而主編認為我們要做中高端，將來的目標是天貓店，所以應該留在阿里系統裡積累經驗。於是我們的全部精力都用於研究怎麼獲得免費流量，結果卻只是浪費時間。當時我們看不清大趨勢，總覺得自己的免費流量少，是因為優化做得不夠，還要繼續打磨。主編從沒做過網店，對運營一無所知，但他學習能力強，而且遠比我投入。我們到處找網店運營的視頻教程，聽了無數的講師講課，努力發現自身的問題，又上派代網讀運營文章。那些網友文章大多是吹牛逼，對關鍵操作避而不談，將次要因素當主要講，以顯出自己能人所不能。實際上絕大多數爆款，都是先做出資料才開始熱銷，而不是熱銷後才產生資料。在淘寶上開企業店或個人店，表面上是免費，其實步步都要花錢，否則根本就沒人點進你的店，畢竟阿里不是做慈善的。而且你不花錢，各項經營資料的樣本量小，隨機性的影響大，會導致你很難做出正確的判斷。總之歸根結底一句話：天下沒有免費的午餐。

但是怎麼花錢也是門學問，首先要找對門徑，否則錢很容易打水漂。直通車就不用說了，當時還流行一種做銷量的操作：先給主推產品設置隱藏優惠券，然後和淘寶客合作，讓他們發佈到折扣群裡，以極低價吸引群友下單，同時我們每單再支付淘寶客傭金。通過這種方式做出的基礎銷量，要比刷單安全和高效。大量刷單的風險很大，在一些保證安全的平臺上，刷一單的成本超過十元。而折扣群做出來的銷量，起碼是真實的，儘管也要砸不少錢，後面能不能賺回來，就看產品的售後資料了。我們嘗試操作了幾個產品，售後問題都比較多，因為資料不漂亮，搜索權重下降得很快，最後連前期砸的錢都賺不回來。因為過慣了節儉窘困的生活，我逐漸養成了一種小農意識，對花錢有抵觸心理。這麼多年來，每當存款低於一萬，我就會感到焦慮不安，這是我的心理安全線。所以被迫要花錢時，我不懂得怎麼花——我是指在生意操作上，我非常消極和保守。我很少考慮怎麼發展。相反，我總在考慮怎麼避免倒閉。而答案就是，少花錢。或許看見我過於保守，我的兩個合夥人開始頻繁地提出主張。名義上我是網店的運營，實際上大多數決策是三人商定的結果。可是他倆也沒有運營經驗。主編雖然很投入，但因為不懂，開始時他抓不住重點，在一些沒有意義的方面，浪費了我們太多討論時間，也做出了一些錯誤判斷。其實我們應該在選品上多花工夫，但我不想在批發場裡和商家多打交道，所以我沒能稱職地提出建議、負起責任。而且我們下一步計畫是做貼牌，主編希望和固定的廠家培養關係、加強合作，我便正好以此為理由逃避了更廣泛的發掘新品和接觸廠家。

不過話又說回來，即使找到合適的產品，接下來也還是要花錢運作。淘寶按照產品的各項使用者回饋資料來給予展示機會，新品的平均展示機會本身就很少，回饋資料的隨機性大，加上競爭對手都在維護資料（我們委婉地用「維護」代替「操縱」），如果你不同樣地去維護的話，一個產品就很難獲得成交機會。而在有了持續的成交後，又增加了銷售回饋資料，同樣地你不維護的話成交就很難持續增長。只要你的資料保持漂亮，淘寶就會持續給你流量。天貓店的售後評價沒有好中差評，只有五星；個人店和企業店則既有好中差評也有五星，這顯然增加了我們資料維護的成本。評價維護對我來說是最大的折磨。開始時我為了省錢，沒把評價維護外包出去，遇到了中差評的客戶，我就要打電話去溝通，每天光是打這個電話就把我打到胃痛。到了二〇一六年底，我發現自己不能勝任這份工作，而且做得也不愉快，因此便提出離開。但是主編和我講責任，講希望，講他對未來的展望等等，軟硬兼施地迫使我留下。直到二〇一七年五月，我才終於如願和他們拆夥。

退出了網店的生意後，我不敢耽擱片刻，因為我的積蓄所餘已不多。過了幾天，我就通過58同城找到了新工作。這段工作經歷記錄在〈我在物流公司上夜班的一年〉一章裡，這是我的第十七份工作了。在D公司我上的是長期夜班，過著日夜顛倒的日子。不過因為每天工作時間長，住處附近也封閉落後，我們沒有什麼機會消費，倒是很利於攢錢。客觀而言，這份工作是苦的——每晚上十二個小時班，通宵達旦地搬抬貨物，其中近十個小時不能進食。不過在另外一些方面，這份工作卻是我的「舒適區」。有時實在累得受不了了（其實主要是困得受不了），我會邊幹活兒邊回憶在大關邑村生活的那一年的點點滴滴，從中感受溫暖，並恢復力量。

二〇一八年三月，因為私人原因，我又從D公司辭職去了北京。到了北京，我先在S公司送了六個月快遞，然後又跳槽到品駿快遞做了十四個月。二〇一九年十二月，品駿快遞解散，我和所有同事一道被遣散。這是我的第十八份和第十九份工作，在〈我在北京送快遞〉一章裡有詳細的講述。

08：尾聲

"我知道自己在他心目中是一個信得過的老同事、老朋友；無論我和他的價值觀差異有多大，他都覺得可以信任我，不必提防我。實際上他要提防的人，是那些價值觀和他相近的人。"

我記得當年在上海時，有次和文學論壇的兩個朋友聚會。在餐廳裡，我們各朗讀了一篇自己喜歡的作品。在這一章寫到上海的部分時，我突然想起了這件事。

我回憶起了那天的經過：我們在人民廣場碰頭，逛了一家占地兩層的書店，我買了本屠格涅夫的《獵人筆記》……更重要的是，我想起了自己那天讀的作品。然後我馬上意識到，把它作為我這篇文章的結尾再合適不過了。

那天我讀了維吉尼亞・吳爾芙收錄在《普通讀者》裡的一篇短文。我發現吳爾芙很喜歡讀傳記，她讀了非常多，其中有些不是名人而是普通人的傳記。我朗讀的那篇作品就是吳爾芙讀《皮爾金頓夫人回憶錄》的讀後感。

吳爾芙讀的這本書，我在中文網路上查不到資訊，可能因為作者實在太過默默無聞。皮爾金頓夫人——或許應該稱她為利蒂希亞女士，因為皮爾金頓先生拋棄了她——是十八世紀英國的一位沒落貴族，生卒年代大約比珍・奧斯丁早半個世紀。她受過教育，但沒繼承遺產，被丈夫拋棄後，獨自撫養兩個孩子。她主要靠寫作為生，否則也不會留下一本回憶錄，但養活她的那些文章主要是些影射名人的不入流的低俗故事。她自稱為了錢什麼都願意寫，因此不難想像，她寫下的肯定不是什麼傳世名作。如果不是吳爾芙讀了她的回憶錄並寫下讀後感，我根本不會知道有她這麼一個人。她是伯爵的曾孫女，卻和底層的僕役生活在一起，最後因拖欠房租被送進監獄。但是吳爾芙卻這麼寫道：

無論是在她遊蕩的日子裡，這種遊蕩是一種家常便飯，還是在她失意的歲月裡，那些失意都很偉大……（許德金譯）

利蒂希亞女士曾經祈禱過（但不小心被鎖在教堂裡），乞討過（但被人羞辱了，起碼她自己這麼認為），也認真地考慮過自殺。即使如此，她仍然無比地熱愛生活，百折不撓地去愛和恨。她可以惡毒地詛咒傷害過她的人，在創作低俗故事時不忘諷刺他們（少不了添油加醋）；但也會疼愛一隻鴨子和打擾她休息的昆蟲。她似乎很情緒化和粗神經。她的感情天然具有一種戲劇化效果，而她寫作時又有取悅於人的本能，這使她經受的苦難不像是最終要了她命那麼殘酷，而像是發生在舞臺上一樣滑稽。而她的粗神經則每每助她從苦難中恢復過來，繼續精神抖擻地投入生活，投入到她極富感染力的愛和恨中。她既有教養也粗鄙，既博愛又記仇。我初次讀這篇文章時感動得哭了。吳爾芙最後這麼結尾：

……她在一生的歷險過程中經歷溝溝坎坎、反復無常時仍然保持著樂觀的精神，保持著女士的那份教養、那份勇敢。這種精神、教養和勇敢在她短暫一生的最後日子裡，讓她能夠談笑風生，能夠在心死之時喜歡她的鴨子及枕邊的昆蟲。除此之外，她的一生都在傷痛和掙扎中度過。（許德金譯）

「在心死之時喜歡她的鴨子及枕邊的昆蟲」——在毫無希望的絕境中的愛，這就是照亮生命的光。儘管她的社會地位在一生中不斷下墜，但她的靈魂始終高貴、純潔。我想在這裡向這位曾經感動和安慰過我、為我撥開迷津的利蒂希亞女士致敬，也向她的「偉大的失意」致敬。

後記
生活的另外部分

我在品驗快遞最後的那段日子，常常下午一兩點就送完了當天的快件，然後我會在京通羅斯福廣場打發時間，因為那裡有空調。我喜歡坐在負一層亞惠美食廣場後面的員工就餐區，那裡也是送餐員的等單和休息處。商場把多餘和用不完的餐桌椅子堆放在那兒，顧客不會走進去，因為那裡是個死角，而且沒有燈光，僅從南邊的玻璃牆透進一些折射的陽光，維持著昏暗的可見度。於是，和另一邊燈火通明的經營區相比，那裡就像劇院裡被幕布遮擋的後臺。對我來說，在那裡度過的時刻是雋永的，我會永遠記得那個地方，記得當時自己的感受。非飯點的時候，很多送餐員就坐在那裡聊天、打盹兒、打遊戲、刷視頻……而我在旁邊戴著耳機，邊聽歌邊打量他們，反正我也無事可幹。我嘗試揣摩他們的生活——和我一樣，他們大多不會在北京定居，北漂的日子是暫時的，不是他們生活的全部。那麼他們生活的另外部分是什麼？他們在北京用所有的時間來掙錢，其中的艱辛可想而知，是什麼在他們生活的另一面吸引他們，令他們甘願為之付出？或許這個問題在不同人身上有不同的答案。假如說，工作是我們不得不做的事情，是我們對個人意願的讓渡，那麼與此相對的生活的另外部分，就是那些忠於我們意願的、我們想做的事情和追求——無論其內容為何，我在這裡暫且先稱之為自由吧。

當我在打工的時候，我很少想到自由。可能因為我默認了不工作才是自由，而工作則相反，你必須按照要求，無論這要求是來自雇主、客戶，或——當我經營個體生意時——對市場的觀察和分析等，然後付出有效勞動，才能獲得回報。當然也可能有個別例外的情況，比如有人恰好喜歡自己的工作方式和內容，因此感覺自己在工作中所做的就是自己想做的。或者反過來，有人按照自己喜歡的方式做自己喜歡的事情，卻恰好能夠滿足雇主、客戶或外部機制等的要求，並由此抵達了某種自由。但是這樣的幸運聽起來似乎可遇不可求。

在我認識的人裡，還有一些人的工作很輕鬆，有時人們會以羡慕的語氣用「自由」來形容他們的工作。至於他們自己有沒有感覺到自由，那就只有他們自己知道了。比如我爸的工作就很「自由」：他以前在單位裡每天喝茶看報，主要的職責是採購、看管和分派各種辦公用品，偶爾寫些沒人看的宣傳稿。但是他已經退休多年，他的單位經過不斷改革，如今已經沒有那種閒職。不過因為我對他非常瞭解，我敢說他的意識裡並沒有自由的概念。假如我和他討論自由，他就會說出一些令人費解的荒謬的話來。

由此我想到，所謂的自由，實際上在於你能意識到什麼，而不在於你享有什麼。對於一個文化水準不高的農民來說，儘管每年的農務受到二十四節氣的限制，但他不會感覺到有什麼不自由。農閒的時候和親朋打打牌，農忙的時候忙完一天的農活兒，晚上回家喝點兒小酒，感覺愜意且滿足，仿佛自己所做的都是自己想做的。可是文化水準越高，思維和意識越複雜，人就越難在工作中感覺到自由。

其實我想說的自由，是一種建立在高度發展的自我意識上的個人追求和自我實現，是一個人真正區別於另一個人的精神內容。我覺得假如更多人嚮往這種自由，世界將會變得更多樣化、多元化，更平等和包容，更豐富和多彩。因為嚮往自由，人們才會有不同的追求，而不必總在狹窄的獨木橋上互相傾軋。就如基因對環境的適應力建立在其多樣性之上一樣，社會整體的幸福感則建立在人們的精神多樣性之上。此外，我認為就如萊辛說的：追求真理比占有真理可貴。自由的情況也一樣，或許它可望而不可即，或許我終生都無法抵達它，但這並不要緊，因為對它的追求比對它的獲得更可貴，而且這對所有人乃至整個世界來說都很可貴——它就像理想和信念，是我們生命的支點，而不是內容。

二〇二〇年春節過後，我從南方回到北京。因為突然暴發的新冠肺炎疫情，在很長一段時期裡，街上的行人非常稀疏，很多我熟悉的店鋪都關門了，其中有些是徹底關張了。這感覺就像春節假期並未結束，而人們也遲遲無法回歸到日常的生活裡。我的前同事有的已經找到新工作，有的還留在老家觀望形勢。我們剛從品駿領到一筆遣散費，我的補償是兩個半月工資，此外最後一個月的工資和返還的五千塊押金也到賬了。這筆錢總共三萬左右，雖然不多，但也稍稍令我安心了一些，尤其是在當時疫情前景不明的情況下。就是在那個時候，我寫了一些東西發在網上，其中一篇我在D公司上夜班的打工紀錄，受到了出乎意料的關注。因為這篇文章，「副本製作」的兩位編輯馮俊華和彭劍斌聯繫上我，在瞭解了我過往的打工經歷後，建議我把在北京送快遞的經歷也寫下來。在這之後，我又寫下了在上海自行車店打工的一篇，這篇記錄的內容其實發生得較早，但文章是較晚寫出來的。

說說我打工以外的經歷。我在寫作上並非新人，從二〇〇九年到二〇一一年，曾經有接近三年的時間我沒去工作，每天就在家讀書和寫作。我在寫作上遇到的困難是複雜的，裡面既有自身的因素，也有外部的因素。我不是一個有寫作才華的人，如果說我現在對寫作的意識、觀念和實踐有一些可取之處的話，那是因為我真的投入過很多時間和精力。另一方面，早年我在期刊上發表過一些作品，收到的稿費非常微薄，遠遠無法以此為生。但是，不能通過寫作謀生，對我是一件值得慶幸的事——寫作于我的意義因此變得更加個人、重要、特別和純粹。雖然我寫得不多，但對我來說，寫作就是我生活的另外部分，屬於自由的那部分。

此後我就反復地處在打工和寫作兩種狀態中：當我去打工的時候，我就無法寫作，光是工作本身就極大地占用了我的時間，同時它還透支我的情緒，令我在下班後也只想放鬆和減壓，而無力思考其他。當然這種情形的肇因在我自身：我在生活和工作中，在別人可以獲得正面激勵的多數事情上感受不到激勵；但是在相反的方向，在別人不以其為阻力的事情上，卻經常形成負面的心理障礙。而當我要寫作的時候，我就辭去工作，專心地在家寫。這種間歇式的打工和寫作交替就是我近十年的生活狀態。或許這也算是一種折中的自由？也就是說，在一半的時間裡我不打工並自由，而在另一半的時間裡我打工並不自由。

不過，單單就打工而言，我覺得從中獲得自我肯定和快樂也很重要。假如我們對自己從事的工作的價值並不認同，僅僅是通過它來獲取生活資料，那麼由此形成的心理景觀未免太灰暗。或許基於這個原因，越是簡單的勞動越容易在我心裡產生正向激勵，因為我能夠很直觀地看見我的勞動對人產生的價值。比如在我最後的一段快遞工作經歷中，當我把快件交到客戶手裡時，我看到客戶滿意甚至是興奮的表情，聽到客戶悅耳的道謝語句，我的心裡是快樂的——我感覺到自己有用、我的勞動對人有用。雖說獲得這種快樂不完全是我的工作目的，雖說收到公司打來的工資時我也同樣快樂。

實際上，通過寫作我在一定程度上超越了打工和自由的對立：在有限的選擇和局促的現實中，我越來越感覺到生活中許多平凡雋永的時刻，要比現實困擾的方方面面對人生更具決定意義。感謝浦睿文化的編輯普照，在他的鼓勵和建議下，我把這三段打工經歷以更全面和完整的方式重寫了一遍，並增補「我做過的其他工作」一篇，講述了我在此之外的其餘打工經歷。除了仍然以我具體的經歷為主要敘述內容外，更補充了一些我的工作方式、過程，我身處的職場和地區環境等方面的描寫。這些背景對理解我當時的處境和所做的決定有重要作用。同時我也知道，因為我是其中的當事人，而不是旁觀者，我的敘述難免帶有自己的主觀價值判斷和立場。但我如果過濾掉這些內容，讀者就無法理解我當時的一些行為和反應。故此在一些細微的方面，我也吃不准自己有沒有受情緒左右、有沒有偏離客觀。為此我已盡己所能地換位思考，嘗試理解那些令我不愉快的人和事，理解其背後的原因和目的，儘量不帶傾向地客觀還原，減少作出評價。事實上，今天我對自己所有的打工經歷，只懷有感激和懷念，沒有絲毫的不滿和怨忿——我承認曾經有過，但已經全部放下了。因為從更多的生活經驗中，我逐漸認識到，懷著怨恨的人生是不值得過的。

新人間 432

我在北京送快遞：那些失意，都很偉大

作者　胡安焉
主編　謝翠鈺
企劃　鄭家謙
封面設計　朱疋
美術編輯　江麗姿

董事長　趙政岷
出版者　時報文化出版企業股份有限公司
一〇八〇一九　台北市和平西路三段二四〇號七樓
發行專線　（〇二）二三〇六六八四二
讀者服務專線　〇八〇〇二三一七〇五
（〇二）二三〇四七一〇三
讀者服務傳真　（〇二）二三〇四六八五八
郵撥　一九三四四七二四　時報文化出版公司
信箱　一〇八九九　台北華江橋郵局第九九信箱

時報悅讀網　http://www.readingtimes.com.tw
法律顧問　理律法律事務所　陳長文律師、李念祖律師
印刷　勁達印刷有限公司
一版一刷　二〇二四年十月十一日
定價　新台幣三八〇元
（缺頁或破損的書，請寄回更換）

我在北京送快遞：那些失意，都很偉大 / 胡安焉作. -- 一版. -- 臺北市：時報文化出版企業股份有限公司，2024.10
面；　公分. -- (新人間；432)

ISBN 978-626-396-795-3(平裝)
1.CST: 胡安焉 2.CST: 傳記

782.887　　113013469

ISBN 978-626-396-795-3
Printed in Taiwan